essentials

Essentials liefern aktuelles Wissen in konzentrierter Form. Die Essenz dessen, worauf es als „State-of-the-Art" in der gegenwärtigen Fachdiskussion oder in der Praxis ankommt. *Essentials* informieren schnell, unkompliziert und verständlich

- als Einführung in ein aktuelles Thema aus Ihrem Fachgebiet
- als Einstieg in ein für Sie noch unbekanntes Themenfeld
- als Einblick, um zum Thema mitreden zu können

Die Bücher in elektronischer und gedruckter Form bringen das Fachwissen von Springerautor*innen kompakt zur Darstellung. Sie sind besonders für die Nutzung als eBook auf Tablet-PCs, eBook-Readern und Smartphones geeignet. *Essentials* sind Wissensbausteine aus den Wirtschafts-, Sozial- und Geisteswissenschaften, aus Technik und Naturwissenschaften sowie aus Medizin, Psychologie und Gesundheitsberufen. Von renommierten Autor*innen aller Springer-Verlagsmarken.

Andrea Hausmann · Lena Zischler · Olivia Braun

Organisationsentwicklung in Kulturbetrieben – Leitfaden für nachhaltige Veränderungsprozesse

Praxis Kulturmanagement

Prof. Dr. Andrea Hausmann
Institut für Kulturmanagement, Pädagogische Hochschule Ludwigsburg
Ludwigsburg, Deutschland

Lena Zischler
Institut für Kulturmanagement, Pädagogische Hochschule Ludwigsburg
Ludwigsburg, Deutschland

Olivia Braun
Landesmuseum Württemberg
Stuttgart, Deutschland

Gefördert vom

Baden-Württemberg
Ministerium für Wissenschaft,
Forschung und Kunst

ISSN 2197-6708　　　　　　　ISSN 2197-6716　(electronic)
essentials
ISBN 978-3-658-48478-1　　　ISBN 978-3-658-48479-8　(eBook)
https://doi.org/10.1007/978-3-658-48479-8

Die Deutsche Nationalbibliothek verzeichnet diese Publikation in der Deutschen Nationalbibliografie; detaillierte bibliografische Daten sind im Internet über https://portal.dnb.de abrufbar.

© Der/die Herausgeber bzw. der/die Autor(en), exklusiv lizenziert an Springer Fachmedien Wiesbaden GmbH, ein Teil von Springer Nature 2025

Das Werk einschließlich aller seiner Teile ist urheberrechtlich geschützt. Jede Verwertung, die nicht ausdrücklich vom Urheberrechtsgesetz zugelassen ist, bedarf der vorherigen Zustimmung des Verlags. Das gilt insbesondere für Vervielfältigungen, Bearbeitungen, Übersetzungen, Mikroverfilmungen und die Einspeicherung und Verarbeitung in elektronischen Systemen.
Die Wiedergabe von allgemein beschreibenden Bezeichnungen, Marken, Unternehmensnamen etc. in diesem Werk bedeutet nicht, dass diese frei durch jede Person benutzt werden dürfen. Die Berechtigung zur Benutzung unterliegt, auch ohne gesonderten Hinweis hierzu, den Regeln des Markenrechts. Die Rechte des/der jeweiligen Zeicheninhaber*in sind zu beachten.
Der Verlag, die Autor*innen und die Herausgeber*innen gehen davon aus, dass die Angaben und Informationen in diesem Werk zum Zeitpunkt der Veröffentlichung vollständig und korrekt sind. Weder der Verlag noch die Autor*innen oder die Herausgeber*innen übernehmen, ausdrücklich oder implizit, Gewähr für den Inhalt des Werkes, etwaige Fehler oder Äußerungen. Der Verlag bleibt im Hinblick auf geografische Zuordnungen und Gebietsbezeichnungen in veröffentlichten Karten und Institutionsadressen neutral.

Planung/Lektorat: Franziska Remeika
Springer VS ist ein Imprint der eingetragenen Gesellschaft Springer Fachmedien Wiesbaden GmbH und ist ein Teil von Springer Nature.
Die Anschrift der Gesellschaft ist: Abraham-Lincoln-Str. 46, 65189 Wiesbaden, Germany

Wenn Sie dieses Produkt entsorgen, geben Sie das Papier bitte zum Recycling.

Was Sie in diesem *essential* finden können

- Einführung in die wichtigsten Begriffe, Modelle, Strategien sowie Ansätze
- Prägnante Darstellung der einzelnen Phasen von Organisationsentwicklungsprozessen
- Erläuterung der zentralen Akteure, typischen Handlungsfelder und erforderlichen Rahmenbedingungen
- Praxisorientierte Beschreibung ausgewählter Tools für den Start, die Umsetzung und die Evaluation von Organisationsentwicklungsprojekten
- Fundierte Hinweise zum Umgang mit Widerständen und Scheitern im Rahmen von Veränderungsprozessen

Inhaltsverzeichnis

1 Die wichtigsten Grundlagen... 1
   1.1   Einordnung und Begriffsklärung 1
   1.2   Modelle, Strategien und Ansätze 4
   1.3   Typische Handlungsfelder in Kulturbetrieben 8
   1.4   Ablauf eines Organisationsentwicklungsprozesses 13

2 Die wichtigsten Akteure 19
   2.1   Kulturbetriebsleitung 19
   2.2   Führungskräfte 21
   2.3   Mitarbeitende 23
   2.4   Projekt- bzw. Stabsstelle 26
   2.5   Externe Begleitung 28

3 Die wichtigsten Tools 31
   3.1   Maßnahmen für die Startphase 31
   3.2   Maßnahmen in der Umsetzungsphase 37
   3.3   Maßnahmen in der Evaluationsphase 45

4 Abschließende Überlegungen 49
   4.1   Mit Widerständen umgehen 49
   4.2   „Schöner Scheitern" 52
   4.3   Verstetigung sichern 53

Was Sie aus diesem *essential* mitnehmen können 55

Literatur 57

Die wichtigsten Grundlagen 1

Das Umfeld von Kulturbetrieben ist durch Volatilität, Unsicherheit, Komplexität und Ambiguität (VUKA) geprägt. Veränderungen stellen für Kulturbetriebe daher keine Ausnahme, sondern vielmehr den Regelfall dar. Ein geeigneter Ansatz für den systematischen und gezielten Umgang mit Veränderungen ist die Organisationsentwicklung. Mit diesem Leitfaden möchten wir aufzeigen, wie Kulturbetriebe dieses Managementtool wirkungsvoll und nachhaltig für sich nutzen können – wohl wissend, dass es kein Patentrezept für erfolgreiche Veränderungsprozesse gibt. Gleichzeitig gibt es typische Handlungsfelder, Rahmenbedingungen, Herausforderungen und Erfolgsfaktoren, die Verantwortliche kennen sollten. Aus diesem Grund haben wir – theoretisch fundiert und basierend auf unseren praktischen Erfahrungen in und mit Kulturbetrieben – ausgearbeitet, was bei der Konzeption, Durchführung und Evaluation nachhaltiger Veränderungsprozesse zu beachten ist. Dabei möchten wir nicht nur nützliche Informationen und Werkzeuge an die Hand geben, sondern Führungskräfte und Mitarbeitende auch dazu ermutigen, bestehende Prozesse, Strukturen, Hierarchien und Werte regelmäßig, systematisch zu reflektieren und sich gemeinsam auf den Weg hin zu flexibleren und lernenden Organisationen zu machen.

1.1 Einordnung und Begriffsklärung

In der Literatur hat sich bislang kein einheitliches Verständnis von Organisationsentwicklung etabliert. Aus den zahlreich existierenden Begriffsklärungen lassen sich jedoch bestimmte Kernmerkmale extrahieren, die wir diesem *essential* zu-

grunde legen (vgl. Schiersmann und Thiel 2018; Nerdinger 2019; Hausmann 2021):
Organisationsentwicklung beschreibt einen

- systematischen,
- zielgerichteten bzw. ergebnisorientierten Veränderungsprozess,
- der in der Regel langfristig angelegt ist und
- in den die Beschäftigten aktiv einbezogen werden.

Typische Merkmale der Organisationsentwicklung sind ihre prozessuale Herangehensweise und die Verwendung einer Vielzahl von unterschiedlichen (wissenschaftlichen, gruppendynamischen, kreativen und interaktiven) Methoden wie z. B. Interviews, Befragungen, Workshops oder Coachings (vgl. ausführlich Kap. 3).

Das grundsätzliche Ziel von Organisationsentwicklung ist es, die Leistungs- und Anpassungsfähigkeit von Kulturbetrieben zu sichern und sie bei der Erreichung ihrer strategischen Ziele zu unterstützen. Gleichzeitig wird mit einer Organisationsentwicklung auch angestrebt, die Qualität des Arbeits(er)lebens, der Zusammenarbeit und insbesondere auch der Arbeitsbeziehungen von Führungskräften und Mitarbeitenden zu erhöhen.

Diese beiden Hauptziele erfordern einen ganzheitlichen Ansatz. Daher sind bei Organisationsentwicklungsprozessen sowohl soziale und organisationspsychologische Aspekte (z. B. Zusammenarbeit, Umgang mit Widerständen und Konflikten) als auch manageriale Aspekte (u. a. Strukturen, Abläufe, Aufgaben) zu berücksichtigen (vgl. Gairing 2017). Organisationsentwicklung kann in Kulturbetrieben bei unterschiedlichen Veränderungsbedarfen eingesetzt werden. In Abschn. 1.3 werden typische Handlungsfelder näher erläutert.

Erfolgsfaktor: Personelle Ressourcen
Der Erfolg einer Organisationsentwicklung hängt maßgeblich von den Beschäftigten im Kulturbetrieb ab. Auch wenn wir dieser zentralen Ressource ein eigenes Kapitel widmen (vgl. auch Kap. 2), möchten wir sie bereits an dieser Stelle als wichtigen Erfolgsfaktor hervorheben und erste übergreifende Hinweise geben: Vor Beginn der Organisationsentwicklung sollten ausreichend Kapazitäten für die Mitarbeit am Veränderungsprozess eingeplant werden. Dies ist gerade in Kulturbetrieben eine Herausforderung, da die Beschäftigten oft bereits ausgelastet sind. Zunächst ist es wichtig,

1.1 Einordnung und Begriffsklärung

frühzeitig und transparent zu kommunizieren, wie und in welchem Umfang die Mitarbeitenden in den Prozess einbezogen werden – idealerweise wird dies gemeinsam mit ihnen vereinbart. Wenn die Mitarbeit am Veränderungsprozess zusätzlich zu regulären Aufgaben erfolgen soll, kann dies zu Überforderung führen und die Akzeptanz gefährden. Es ist daher zu überlegen, für den geplanten Veränderungsprozess eine zusätzliche Stelle zu schaffen und/oder Teile der Arbeitszeit von Mitarbeitenden, die bereits im Kulturbetrieb tätig sind, für das Projekt freizugeben (vgl. Abschn. 2.4). Des Weiteren ist zu beachten, dass alle Akteure so bald wie möglich zur aktiven Mitarbeit eingeladen werden sollten. Gleichzeitig gilt auch: Nicht jede Person wird sich für ein Veränderungsprojekt begeistern lassen und möchte mitmachen – und das sollte akzeptiert werden.

Organisationsentwicklung und Change Management
Zuweilen wird von Change Management anstelle von Organisationsentwicklung gesprochen. Eine eindeutige Abgrenzung der beiden Begriffen ist nicht möglich und für die Praxis oft auch nicht relevant. Dessen ungeachtet bestehen Unterschiede zwischen den beiden Konzepten. So sind Organisationsentwicklungsprozesse in der Regel langfristig angelegt, wobei die Beteiligung der Mitarbeitenden, der Prozess selbst und eine ganzheitliche Perspektive von großer Bedeutung sind. Demgegenüber sind Change Management-Vorhaben oft von kürzerer Dauer, weisen einen starken Projektcharakter auf und das Ziel wird z. T. von der Organisationsleitung vorgegeben, mitunter ohne direkte Einbeziehung der Betroffenen (vgl. ausführlich Werther und Jacobs 2014). Im Rahmen dieses *essentials* sprechen wir ausschließlich von Organisationsentwicklung.

Organisationsentwicklung und Personal- bzw. Teamentwicklung
Personalentwicklung umfasst Maßnahmen, die dem Aufbau und der Weiterentwicklung von berufsbezogenen Kompetenzen der Beschäftigten sowie der Steigerung der Leistungsfähigkeit der Organisation dienen. Das Ziel besteht darin, die Mitarbeitenden so zu befähigen, dass sie einerseits bestmöglich zur Erreichung der Organisationsziele beitragen können und andererseits ihre fachliche Entwicklung und Arbeitszufriedenheit gefördert wird (vgl. Hausmann 2024). Während bei der Personalentwicklung die Potenziale der Individuen im Fokus stehen, zielt die Organisationsentwicklung vorrangig auf die Weiterentwicklung der Organisation als Ganzes ab. Personal- und Organisationsentwicklung sind in

der Praxis allerdings eng miteinander verwoben (vgl. Wegerich 2015). So werden im Rahmen von Organisationsentwicklungsprozessen oft Personalentwicklungsmaßnahmen initiiert, um die Mitarbeitenden auf die anstehenden Veränderungen vorzubereiten und sie dafür zu qualifizieren. Die Personalentwicklung kann wiederum unabhängig von einem konkreten Veränderungsprozess zur Weiterentwicklung der Organisation beitragen, indem sie die Kompetenzen der Mitarbeitenden fördert.

Organisationsentwicklung wirkt immer auch auf die Teamentwicklung. Durch den Einsatz von gruppendynamischen Methoden wie z. B. World Cafés, Open Spaces oder Zukunftskonferenzen, in denen die Partizipation und Interaktion von (größeren) Arbeitsgruppen gefördert werden, lernen sich die Teammitglieder untereinander besser kennen. Dabei geht es insbesondere auch darum, die anderen im Kontext ihrer individuellen Tätigkeitsbereiche (sowie der dort bestehenden Herausforderungen und Komplexitäten) besser zu verstehen. Gleichzeitig ist die Teamentwicklung auch ein wichtiges Tool im Rahmen einer Organisationsentwicklung, wie in Abschn. 3.2 näher erläutert wird.

Organisationsentwicklung und Transformation
Transformation ist im Kulturbereich mittlerweile ein wichtiges Schlagwort, wo ein solcher „grundlegender Wandel" in vielen Handlungsfeldern und Arbeitsbereichen unumgänglich geworden ist und von vielen Beschäftigten auch eingefordert wird (u. a. Aktualisierung des Verständnisses von Leadership und der kollegialen Zusammenarbeit, neue Formen der Kulturvermittlung und Publikumspartizipation, Integration von Künstlicher Intelligenz in die Leistungserstellung und -verwertung). Mit einer Organisationsentwicklung bekommt die notwendige Transformation von Organisationskulturen, Strukturen und Abläufen in Kulturbetrieben einen Rahmen, der unter Einsatz etablierter Tools ein professionelles, systematisches Vorgehen fördert.

1.2 Modelle, Strategien und Ansätze

Modelle
Es gibt zahlreiche Modelle, die eine Organisationsentwicklung beschreiben. Eines der bekanntesten ist das Drei-Stufen-Modell von Lewin (1947), der als einer der Begründer der Organisationsentwicklung gilt. Nach seinem Ansatz durchlaufen Veränderungsprozesse die drei Phasen Unfreezing – Moving – Refreezing:

1.2 Modelle, Strategien und Ansätze

- *Unfreezing (Auftauen):* Zu Beginn wird der Veränderungsprozess vorbereitet und die Organisation mobilisiert. Hierzu gilt es, die Notwendigkeit für den Wandel zu verdeutlichen und die Bereitschaft zur Veränderung bei den Beschäftigten zu fördern.
- *Moving (Bewegung):* Darauf aufbauend erfolgen die eigentlichen Veränderungen; geplante Strategien und Maßnahmen werden umgesetzt. Neue Strukturen, Prozesse, Werte und Verhaltensweisen werden entwickelt, um die angestrebten Ziele zu erreichen.
- *Refreezing (Einfrieren):* Am Ende des Organisationsentwicklungsprozesses wird das Neuetablierte in der Organisation verfestigt. Diese Stabilisierung soll verhindern, dass die Organisation und ihre Mitglieder in alte Muster zurückfallen.

Die letzte Phase von Lewins Modell wird mittlerweile kritisch diskutiert, da davon ausgegangen wird, dass sich Organisationen kontinuierlich in einem mehr oder weniger dynamischen Zustand befinden müssen, um mit der stetigen Veränderung ihrer Umwelt Schritt zu halten und nicht zu stagnieren (vgl. Krüger und Bach 2014). Gleichzeitig möchten wir betonen, dass Veränderungsprozesse immer wieder auch Phasen der Beruhigung und Konsolidierung benötigen, um die Organisation und ihre Mitglieder nicht dauerhaft zu überfordern (ähnlich Werther und Jacobs 2014).

Ein weiteres populäres, in der Praxis gut nutzbares Modell stammt von Kotter (1996), der Veränderungsprozesse in acht Stufen unterteilt:

1. Bewusstsein für die Dringlichkeit der Veränderung schaffen
2. Aufbau einer Führungskoalition
3. Entwicklung einer Veränderungsvision und Strategie
4. Kommunikation der Veränderungsvision
5. Befähigung der Beschäftigten, entsprechend der Vision zu handeln
6. Schnelle Erfolge schaffen und sichtbar machen
7. Veränderungen festigen und weiter antreiben
8. Verankerung der Veränderung in der Organisationskultur

Angelehnt an Kübler-Ross (1969) und Streich (2016) wird in der Praxis häufig die sogenannte Veränderungskurve in Workshops eingesetzt. Sie nimmt die *menschlich-emotionale Komponente* von Veränderungsprozessen in den Fokus. Die Veränderungskurve beinhaltet sieben Stufen, die Mitglieder einer Organisation angesichts tiefgreifender Veränderungsprozesse typischerweise durchlaufen (vgl. Abb. 1.1).

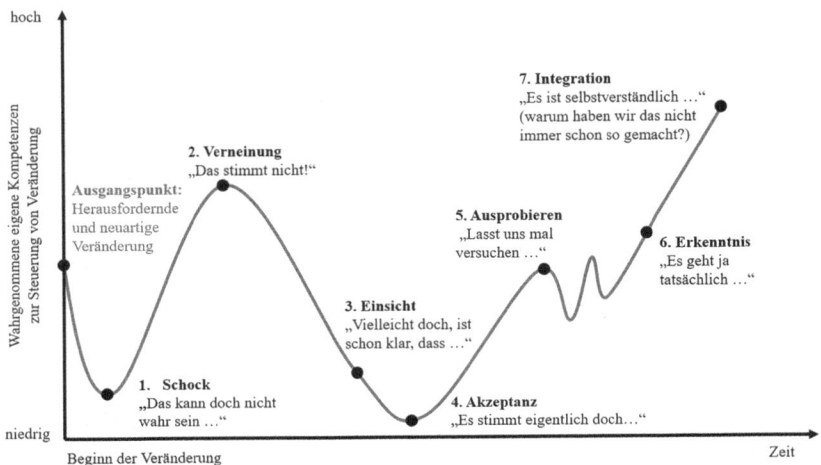

Abb. 1.1 Veränderungskurve in Anlehnung an Streich (2016); eigene Darstellung

Die Kurve visualisiert sehr anschaulich, dass Veränderungsprozesse „Ups" und „Downs" haben – und dass das normal ist. Zudem hilft sie zu verstehen, welche emotionalen Phasen Mitarbeitende durchlaufen, die von Veränderungen betroffen sind. Und dass sich je nach erreichter Prozessstufe der *Energielevel* der Betroffenen verändert – von Angst, Frustration und Wut bis hin zu Aufbruchsstimmung und Freude. Prozessverantwortliche können das Modell dazu nutzen, die emotionalen Bedürfnisse der Mitarbeitenden zu erkennen und phasenspezifische Unterstützung anzubieten. Ebenso kann die Veränderungskurve dabei helfen, die Kommunikation innerhalb des Organisationsentwicklungsprozesses zu steuern und mögliche Widerstände früh zu erkennen.

Unserer Ansicht nach liefern die Kerngedanken der drei vorgestellten Modelle wichtige Hinweise für die Praxis. Deshalb werden wir sie im Rahmen dieses *essentials* immer wieder aufgreifen. Gleichzeitig gilt auch, dass es für einen gelingenden Veränderungsprozess *kein allgemeingültiges Patentrezept* gibt und der tatsächliche Verlauf von vielen Faktoren abhängt. Was wir aber sagen können: Organisationsentwicklungsprozesse verlaufen in der Kulturpraxis selten linear, sondern vielmehr zyklisch und mehrdimensional, ein Zurückspringen in oder Wiederholen von Prozessphasen kann aus verschiedenen Gründen notwendig sein.

1.2 Modelle, Strategien und Ansätze

Strategien

Für die Konzeption von Veränderungsprojekten stehen drei Strategien zur Verfügung, die wir nachfolgend erläutern: Top-Down- und Bottom-Up-Strategie sowie eine Mischung aus beiden Typen.

- *Top-Down:* Bei dieser Strategie geht der Veränderungsprozess in erster Linie von der obersten Führungsebene aus, die die Veränderungen plant und Umsetzungsstrategien nach „unten" vorgibt. Vorteil bei dieser Strategie ist, dass die oberste Leitungsebene hinter den geplanten Veränderungen steht und die notwendigen Rahmenbedingungen gewährleistet; zudem gibt es keine aufwendigen Abstimmungs- und Partizipationsprozesse. Nachteile entstehen aber genau daraus, dass die Perspektive der Mitarbeitenden nicht ausreichend berücksichtig wird und sie sich deshalb nicht eingebunden fühlen. Damit sind es nicht „ihre" Veränderungen und es wird zu Widerständen und Konflikten kommen.
- *Bottom-up:* Hier werden die Veränderungen von den Mitarbeitenden entwickelt und nach „oben" gegeben. Dieses Verfahren ist sinnvoll, wenn Aufgaben und Arbeitsabläufe auf der operativen Ebene weiterentwickelt werden sollen. Dabei werden das Betriebswissen, die Fähigkeiten und die Kompetenzen der Beschäftigten genutzt. Voraussetzung für die Bottom-up-Strategie ist, dass das Top Management, aber auch die weiteren Führungsebenen bereit sind, Kontrolle bzw. Macht in Teilen abzugeben und die Mitarbeitervorschläge im Weiteren auch umzusetzen.
- *Top-Down/Bottom-up:* Veränderungen werden sowohl von den Mitarbeitenden als auch von den Führungskräften angestoßen. Auf diese Weise werden alle Hierarchieebenen aktiv in den Prozess einbezogen. Der Vorteil dieser Strategie liegt darin, dass die Beteiligung auf allen Ebenen erhöht wird und die Akzeptanz von Veränderungen steigt. Gleichzeitig besteht das Risiko, dass unterschiedliche (ggf. gegensätzliche) Erwartungen an die Organisationsentwicklung zu Missverständnissen und Konflikten zwischen den verschiedenen Ebenen führen und der Prozess dadurch aufwendiger wird. Dennoch empfehlen wir dieses Vorgehen bei Veränderungsprozessen in Kulturbetrieben.

Ansätze

Organisationsentwicklungsprozesse werden in der Literatur auch danach unterschieden, welchen thematischen Ansatz sie verfolgen. Die in der Literatur diskutierten Ansätze (vgl. u. a. Kauffeld et al. 2019; Nerdinger 2019) werden nachfolgend kurz skizziert und in Abschn. 1.3 noch einmal ausführlicher behandelt.

- *Strukturaler Ansatz:* Im Fokus stehen Veränderungsprozesse, die die Organisationsstruktur betreffen (z. B. Abbau von Hierarchien, Neuzuschnitt von Abteilungen). Hierzu werden z. B. Führungsspannen, Aufgaben oder Schnittstellen analysiert.
- *Prozessualer Ansatz:* Hier geht es um die Abläufe und Verfahren innerhalb der Organisation, z. B. Prozesse der Leistungserstellung, Kommunikation oder Entwicklung neuer Projekte. Um diese zu verbessern, werden entsprechende Tools zur Identifizierung von Diskrepanzen zwischen gewünschtem SOLL-Zustand und aktuellem IST-Zustand eingesetzt.
- *Personaler Ansatz:* Im Mittelpunkt stehen die Mitarbeitenden (individuell, aber auch als Team), ihre Fähigkeiten, Einstellungen und Kompetenzen. Um diese weiterzuentwickeln, werden Instrumente der Personal- und Teamentwicklung eingesetzt, wie z. B. Coachings oder Trainings.

In der Praxis sind die drei Ansätze eng miteinander verknüpft. So wirkt sich beispielsweise eine Strukturveränderung (wie etwa ein Neuzuschnitt von Abteilungen, Auflösung oder Schaffung einer Hierarchieebene) zwangsläufig immer auch auf etablierte Arbeitsabläufe und die Zusammenarbeit von Mitarbeitenden aus.

1.3 Typische Handlungsfelder in Kulturbetrieben

Im Folgenden stellen wir sechs typische Handlungsfelder der Organisationsentwicklung in Kulturbetrieben vor. Die genannten Themen sind dabei nicht überschneidungsfrei, sondern greifen in der Praxis ineinander.

Strategien und langfristige Ziele
Die Zukunftsfähigkeit von Kulturbetrieben hängt maßgeblich davon ab, inwiefern die grobe strategische Richtung (z. B. im Hinblick auf das Leistungsangebot, den Umgang mit wichtigen Stakeholdern, die Ausstattung mit Ressourcen) klar ist – und zwar sowohl auf den Führungsebenen als auch bei den Mitarbeitenden. Die strategische Ausrichtung bietet den Beschäftigten Orientierung für ihre tägliche Arbeit und hilft bei der Prioritätensetzung, wirkt motivierend und verbindend, unterstützt die Entscheidungsfindung, klärt die Zuweisung und Verwendung von Ressourcen und hilft dabei, Konflikte zu reduzieren (vgl. Hausmann und Zischler 2023). Ausgehend von der groben strategischen Richtung können für die einzelnen Abteilungen und Teams messbare Ziele und konkrete Maßnahmen abgeleitet werden, sodass die Aktivitäten aller Abteilungen in die übergeordnete Zielerreichung einzahlen.

1.3 Typische Handlungsfelder in Kulturbetrieben

Strategien und Ziele sind essenziell für die Organisationsentwicklung, da sie das Fundament für alle weiteren Entwicklungsmaßnahmen bilden. So sind beispielsweise Eingriffe und Veränderungen in Strukturen und Abläufe dann sinnvoll, wenn klar ist, welche langfristigen Ziele und Strategien der Kulturbetrieb verfolgt. Wir empfehlen daher im Kontext einer Organisationsentwicklung zu prüfen, ob die übergeordnete strategische Richtung geklärt ist, ob sie noch aktuell ist oder ggf. an aktuelle Gegebenheiten angepasst werden muss. Hat ein Kulturbetrieb keine übergeordnete Strategie oder stehen die Leitung und ein Großteil der Führungskräfte und Mitarbeitenden nicht (mehr) dahinter, dann ist es unserer Erfahrung nach ratsam, diese Situation zum Ausgangspunkt der Organisationsentwicklung zu machen.

Strukturen

In vielen Kulturbetrieben finden sich über die Jahre gewachsene Strukturen, die mit Blick auf die Erreichung der übergeordneten, möglicherweise neu ausgerichteten Organisationsziele oft nicht mehr effektiv genug sind. Ebenso können Strukturveränderungen nötig werden, wenn der Kulturbetrieb z. B. in eine neue Rechtsform überführt wird, Arbeitsbereiche zusammengefasst oder neue Aufgaben übernommen werden sollen. Unserer Erfahrung nach erweist es sich in Kulturbetrieben häufig als notwendig, personell zu groß gewordene Abteilungen neu zu strukturieren, um deren Führungspersonen zu entlasten und eine effizientere Zusammenarbeit zu fördern. Hierzu können beispielsweise neue (Führungs-) Ebenen eingezogen oder Teile der Abteilung ausgegliedert und in einer eigenen Abteilung neu strukturiert werden. Dadurch übernehmen einige Beschäftigte möglicherweise neue Leitungsrollen, während andere Mitarbeitende ihre bisherigen Aufgaben beibehalten und keine zusätzliche Verantwortung übertragen bekommen. Bei solchen tiefgreifenden Strukturveränderungen empfehlen wir, behutsam vorzugehen: Einerseits sollte – sofern es mehrere strukturelle Veränderungsbedarfe gibt – priorisiert werden, was zuerst bearbeitet wird. Andererseits raten wir, diese Entscheidung so transparent wie möglich zu kommunizieren (an die betroffenen Führungskräfte wie auch deren Mitarbeitende). Beides ist im Regelfall Aufgabe der Kulturbetriebsleitung, ggf. zusammen mit einem Führungszirkel, der Fachabteilung Personal und/oder der externen Projektbegleitung. Im Anschluss ist das weitere Vorgehen festzulegen, dazu gehört auch, die Art der Beteiligung der Betroffenen zu definieren, die wir in jedem Fall empfehlen (z. B. Vorschläge bezüglich neuer Aufgabenverteilung).

Strukturelle Veränderungen brauchen Zeit und einige Gespräche (und manchmal auch eine externe Moderation oder Mediation). Gleichzeitig gilt auch hier wieder: Eine sinnvolle, d. h. eine der Erreichung des übergeordneten Organisationsziels und dem sorgsamen Ressourceneinsatz dienende Strukturveränderung sollte konsequent in Angriff genommen werden. Auch dann, wenn vielleicht zunächst eine Bugwelle der Unzufriedenheit auf die Verantwortlichen zurollt. Hier gilt es beharrlich zu bleiben und in einem möglichst partizipativen Prozess mit den Betroffenen eine bestmögliche Lösung im Sinne des Kulturbetriebs zu entwickeln. Wenn es (z. B. aufgrund eines zu großen Konfliktes) nicht mehr möglich ist, gemeinsam mit den Betroffenen zu einer Einigung zu kommen, muss ggf. auf das Weisungsrecht der Kulturbetriebsleitung zurückgegriffen und eine top down-Entscheidung gefällt werden. Allerdings sollten solche Machteingriffe unseres Erachtens nach die Ultima Ratio bleiben.

Prozesse
Aus unterschiedlichen Gründen ist es möglich, dass bestimmte Abläufe, wie z. B. Abstimmungs- und Entscheidungsprozesse,

- nicht mehr zeitgemäß,
- nicht ausreichend auf die Zielsetzungen des Arbeitsbereichs oder des gesamten Kulturbetriebs ausgerichtet,
- oder erst gar nicht definiert sind (sondern einfach „so sind", häufig aber auf Kosten von Effizienz und Transparenz).

Fehlende Prozessklarheit ist eine der häufigsten Ursachen für wiederkehrende Probleme in der Zusammenarbeit zwischen Bereichen und birgt großes Frustpotenzial. Deshalb kommen der Klärung und ggf. Optimierung von Prozessen in der Organisationsentwicklung unserer Erfahrung nach eine hohe Bedeutung zu. Anlass für eine solche Prozessanalyse ist – neben der Verbesserung der bereichsübergreifenden Zusammenarbeit – häufig auch die Einführung neuer (digitaler) Arbeitstools.

Organisationskultur
Die Organisationskultur zeigt sich z. B. in gemeinsamen Werten und Normen, dem Miteinander, das einen Kulturbetrieb prägt („so arbeiten wir hier"), aber auch im Umgang mit Stakeholdern. Häufig gibt es über die Zeit gewachsene Verhaltensweisen, deren Überprüfung und ggf. Weiterentwicklung innerhalb einer Organisationsentwicklung lohnend ist. Interviews oder Mitarbeitendenbefragungen können wertvolle Informationen zum Status quo liefern. Elemente der Organisationskultur lassen sich zudem aus Leitbildern, Mission Statements, Code of Conducts oder Führungsleitlinien herauslesen, sodass auch diese Unterlagen im Rahmen einer Organisationsentwicklung ausgewertet und genutzt werden können. Allerdings zeigt sich in der Praxis immer mal wieder, dass die entsprechenden Dokumente veraltet oder unvollständig sind, sodass ein Ziel der

1.3 Typische Handlungsfelder in Kulturbetrieben

Organisationsentwicklung auch darin liegen kann, partizipative Formate für eine Aktualisierung oder Neuerarbeitung zu schaffen.

Soll die Organisationskultur weiterentwickelt werden, ist es besonders wichtig, dass die Beschäftigten die Notwendigkeit hierfür erkennen. Zudem sollten sowohl Führungskräfte als auch weitere Mitarbeitende – idealerweise aus verschiedenen Bereichen des Kulturbetriebs – selbst Ideen und Maßnahmen für positive Veränderungen entwickeln. Dies fördert die Akzeptanz der anstehenden Neuerungen. Gleichzeitig gilt zu beachten, dass die Entwicklung der Organisationskultur Zeit und fortlaufendes Engagement erfordert, damit sich neue Verhaltensmuster etablieren und Ergebnisse sicht- bzw. spürbar werden.

Interne Kommunikation
Ein weiteres Handlungsfeld, das im Zuge von Organisationsentwicklung häufig in den Blick genommen wird und das besonders eng mit den anderen bereits genannten Themen verknüpft ist, ist das der (bereichsübergreifenden) Kommunikation. Besonders in größeren Organisationen wird immer wieder deutlich, dass die Kommunikation regelmäßig vom sogenannten Silodenken geprägt ist. Silodenken meint hierbei die Fokussierung von Abteilungen oder Bereichen auf ihr eigenes Tun, ihren eigenen Arbeitsbereich, anstatt den Blickwinkel auf ein vernetztes und kollaboratives Arbeiten – und die Ziele des gesamten Kulturbetriebs – zu weiten. Zur Bearbeitung dieses Handlungsfelds empfiehlt es sich beispielsweise, die

- vorhandene Kommunikations*kultur* (wie wird verbal/nonverbal miteinander geredet?) und
- die typischen Kommunikations*strukturen* (über welche Kanäle/Wege, wie hierarchisch und formalisiert etc.?)

zu analysieren, um anschließend in einem gemeinsamen Prozess Leitlinien für eine effektivere Kommunikation im Kulturbetrieb zu erarbeiten. Wir halten es zudem für sinnvoll, gemeinsam Formate zu entwickeln, um auch die oft unterschätzte informelle Kommunikation zu fördern (gemeinsame Kaffeepausen mit dem Team ohne feste Agenda, Teambuildingaktivitäten, After Work Events etc.).

Kompetenzentwicklung/Fort- und Weiterbildung
Der Bereich der Kompetenzentwicklung bzw. der Fort- und Weiterbildung ist ein weiteres zentrales Handlungsfeld Denn grundsätzlich gilt: Keine Organisationsentwicklung ohne Kompetenzentwicklung! Oder anders gesagt: Überall dort, wo Veränderungen angestoßen und implementiert werden sollen, ist es wichtig, die Betroffenen mit den dafür notwendigen Kompetenzen auszustatten – auch um Widerstand aufgrund von Ängsten und Überforderung entgegenzuwirken.

In diesem Zusammenhang finden wir es wichtig, die Transformationskompetenzen im Kulturbetrieb zu fördern (z. B. Flexibilität, Problemlösungsfähigkeiten, Kooperations- und Teamfähigkeit, Innovationsfähigkeit), um die Handlungsfähigkeit und das Selbstbewusstsein der Mitarbeitenden bei der Gestaltung von Veränderungen zu stärken. Bereits in der Planung eines Organisationsentwicklungsprozesses sollte mitgedacht werden, an welchen Stellen eine unterstützende Kompetenzentwicklung notwendig sein könnte (und dies im Budget entsprechend vorzumerken). Sollen beispielsweise neue oder digitale Tools der Zusammenarbeit (Stichwort New Work) etabliert werden, ist es unerlässlich die Betroffenen mit den notwendigen methodischen Kenntnissen auszustatten. Auch die strukturierte Weiterbildung von Führungskräften ist hier zu nennen, da diese Beschäftigtengruppe bei der Organisationsentwicklung besonders gefordert ist.

Positiv ist, dass Kompetenzentwicklung im Weiteren auch die Personalbindung und Arbeitszufriedenheit erhöhen kann. Dies ist nicht zuletzt vor dem Hintergrund interessant, dass in Kulturbetrieben die Möglichkeiten zum internen Stellenwechsel und Aufstieg häufig begrenzt sind. Mithilfe von Angeboten im Bereich der Fort- und Weiterbildung kann Mitarbeitenden trotzdem eine fachliche und persönliche Weiterentwicklung ermöglicht werden.

Erfolgsfaktor: Finanzielle Ressourcen
In Abhängigkeit von den konkret geplanten Vorhaben im Veränderungsprozess können einem Kulturbetrieb unterschiedlich hohe Kosten entstehen. Zu den direkten Kosten einer Organisationsentwicklung zählen u. a.

- Beratungskosten (z. B. Moderation, Coaching),
- Fortbildungskosten oder auch
- Kosten für die im Veränderungsprozess notwendigen Anschaffungen (z. B. wenn die digitale Infrastruktur modernisiert, informelle Begegnungsräume geschaffen oder neue Tools eingeführt werden sollen).

Darüber hinaus entstehen Opportunitätskosten, da die Beschäftigten während ihrer aktiven Mitarbeit am Prozess nicht ihren regulären Tätigkeiten nachgehen können. Wenn die Organisationsentwicklung als zusätzliches Vorhaben aus dem regulären Budget eines Kulturbetriebs finanziert wird, wird dies dazu führen, dass andere, stärker inhaltliche Projekte zurückgestellt werden müssen. Hier kann es zu Konflikten und Diskussionen um die Verteilung knapper Ressourcen kommen. Wir raten hier, die erwarteten positiven Prozesseffekte herauszustellen: Die Organisationsentwicklung kann und soll dazu beitragen, dass in Zukunft effektiver und ressourcenschonender gearbeitet wird; Entwicklungsprozesse stellen immer auch eine Investition in die Zukunft dar.

1.4 Ablauf eines Organisationsentwicklungsprozesses

Wie wir bereits erwähnt haben, gibt es (leider) kein Patentkonzept für das Gelingen von Veränderungsprozessen. Gleichzeitig findet sich in Theorie und Praxis ein weitgehender Konsens darüber, welche Phasen in solchen Prozessen besonders wichtig sind. In diesem *essential* nutzen wir eine vierstufige Abfolge für den Einsatz in Kulturbetrieben (vgl. Abb. 1.2).

Wir haben schon an anderer Stelle darauf hingewiesen, dass einzelne Prozessschritte in der Praxis z. T. parallel ablaufen und sich gegenseitig beeinflussen. Auch müssen die Schritte nicht zwangsläufig in der hier vorgeschlagenen Reihenfolge stattfinden. So ist es zwar grundsätzlich sinnvoll einen Organisationsentwicklungsprozess mit einem konkreten Veränderungsvorhaben und -ziel zu

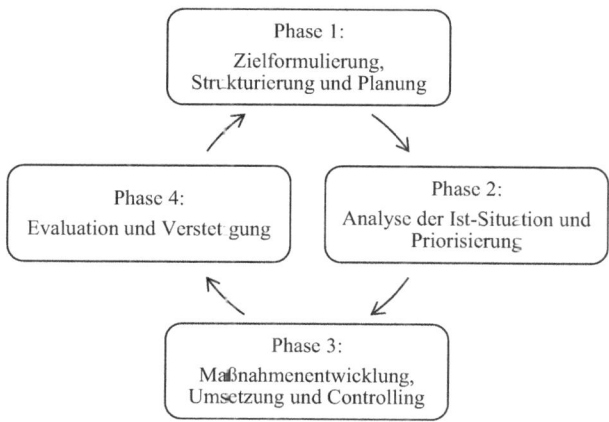

Abb. 1.2 Ablauf eines Organisationsentwicklungsprozesses

starten, es ist jedoch auch möglich mit einer umfassenden Ist-Analyse zu beginnen und darauf basierend konkrete Ziele für die Organisationsentwicklung abzuleiten.

Nachfolgend geben wir einen Überblick über die wichtigsten Phasen und weisen darauf hin, an welcher Stelle im *essential* einzelne Themen ausführlicher behandelt werden.

Phase 1: Zielformulierung, Strukturierung und Planung
Ausgangspunkt einer Organisationsentwicklung ist in der Regel ein festgestellter Veränderungs- bzw. Entwicklungsbedarf. Darauf basierend werden zu Beginn zunächst die Ziele und Erwartungen an das Projekt geklärt. Darüber hinaus ist es wichtig, frühzeitig Verantwortlichkeiten festzulegen. Wenn Externe das Projekt begleiten und moderieren, erfolgen in dieser Phase die Klärung des Auftrags und die Vergabe des Zuschlags.

Um die Komplexität des Vorhabens zu reduzieren und den Ablauf für alle Beteiligten nachvollziehbar zu machen, wird ein vorläufiger Ablaufplan entwickelt – die sogenannte Prozessarchitektur (vgl. Schiersmann und Thiel 2018 sowie Abschn. 2.1). Diese entsteht unter Berücksichtigung der vorhandenen Ressourcen (Personal, Zeit und Budget). Es ist wichtig sämtliche Organisationsentwicklungsaktivitäten auf die Bedürfnisse und Gegebenheiten des Kulturbetriebs zuzuschneiden. Der Aufgabenschwerpunkt in dieser Phase liegt einerseits in der Schaffung von Transparenz bezüglich der Ziele und des erwarteten Nutzens der Veränderungen. Andererseits geht es darum, die Beschäftigten frühzeitig für das Projekt zu interessieren und eine möglichst hohe aktive Teilnahme zu sichern.

Auch ist es in dieser ersten Phase besonders wichtig, den Personenkreis der Führungskräfte für die Organisationsentwicklung zu gewinnen. Durch ihre zentrale Position können sie maßgeblich zum Gelingen des Prozesses beitragen. Darüber hinaus sollten weitere Koalitionen, z. B. mit wichtigen Gremien (z. B. Personal- oder Betriebsrat), aufgebaut werden.

Näheres zu
- den einzelnen Akteuren in Kap. 2
- einer klaren Zielformulierung in Abschn. 2.1
- der Beteiligung der Mitarbeitenden in Abschn. 2.3

Phase 2: Analyse der Ist-Situation und Priorisierung
Auch wenn ein Veränderungs- bzw. Entwicklungsbedarf bereits identifiziert wurde, ist eine Bestandsaufnahme und Analyse der aktuellen Situation im Kulturbetrieb unerlässlich. Dazu werden relevante Informationen und Unterlagen aus-

1.4 Ablauf eines Organisationsentwicklungsprozesses

gewertet, wie beispielsweise Organigramme, Stellenbeschreibungen, Leitbilder und Führungsgrundsätze. Um den Willen zur Partizipation der Beschäftigten in dieser Phase zu sichern, werden sie typischerweise zunächst zu Kick-Off-Veranstaltungen, Interviews oder Fokusgruppendiskussionen eingeladen. In größeren Kulturbetrieben kann zu diesem Zweck auch eine Mitarbeitendenbefragung durchgeführt werden.

Die durch die Analyse gewonnenen Daten und Informationen werden aufbereitet, den Beschäftigten im Anschluss in Workshops oder anderen Reflexionsformaten vorgestellt und dort mit ihnen diskutiert. Ziel ist es zu klären, ob die Bestandsaufnahme stimmig ist oder ob noch weitere Aspekte berücksichtigt werden müssen. Die Analyse der Ist-Situation hilft bei der Konkretisierung des Veränderungs- bzw. Entwicklungsanliegens.

Wenn in der Analysephase mehrere Entwicklungsfelder identifiziert wurden, ist es sinnvoll, eine Priorisierung vorzunehmen. Dies kann sowohl durch die Kulturbetriebs- und/oder Projektleitung, aber auch gemeinsam mit den Beschäftigten geschehen. Einerseits, um mit den Betroffenen einen Konsens darüber zu finden, was in welcher Reihenfolge angegangen wird. Andererseits kann so eine Überforderung der Organisation und ihrer Mitglieder vermieden werden, die häufig entsteht, wenn zu viel auf einmal in Angriff genommen wird.

Ebenso wichtig wie die Priorisierung von Veränderungsanliegen ist die Kommunikation darüber. Im besten Fall ist in einem Kommunikationskonzept festgelegt, wer an wen welche Inhalte auf welche Weise und zu welchem Zeitpunkt vermittelt.

Näheres zu
- Kommunikationsmanagement als Erfolgsfaktor in Abschn. 2.2
- den Maßnahmen für den Start einer Organisationsentwicklung in Abschn. 3.1
- den Umgang mit Widerständen und Scheitern in Abschn. 4.1 und Abschn. 4.2

Phase 3: Maßnahmenentwicklung, Umsetzung und Controlling
Im nächsten Schritt gilt es, Ideen für Veränderungsschritte zu sammeln, zu strukturieren, konkrete Maßnahmen festzulegen und diese in die Umsetzung zu bringen. Hierbei kann auf eine Vielzahl an Tools zurückgegriffen werden (z. B. World Café, Workshops, Coaching, agile Methoden wie Design Thinking oder SCRUM). Wir empfehlen, die Mitarbeitenden immer wieder zur aktiven Beteiligung einzuladen, damit die Veränderungen tatsächlich auch „ihre" sind. Dies kann bedeuten, dass andere (laufende) Aufgaben zunächst zurückgestellt werden müssen – die Entscheidung hierüber liegt jeweils bei den Vorgesetzten, ggf. in Abstimmung mit der Kulturbetriebsleitung. Weiterhin kann es nötig sein, den

Mitarbeitenden den Auf- bzw. Ausbau des erforderlichen Fachwissens sowie der notwendigen Kompetenzen für die Umsetzung der Maßnahmen zu ermöglichen (z. B. über Personalentwicklungsmaßnahmen). Veränderung kann damit temporär auch Mehrarbeit und Mehrbelastung für die Beschäftigten bedeuten. Dies sollte offen kommuniziert werden.

Da sich Organisationsentwicklungsprozesse in der Regel über einen längeren Zeitraum erstrecken, empfehlen wir, regelmäßiges Feedback von allen Beteiligten einzuholen (z. B. durch kurze Stimmungsbarometer, regelmäßige projektbezogene Gesprächsrunden). Auch ein Projekt-Controlling ermöglicht es, zu verschiedenen Zeitpunkten im Prozess zu prüfen, ob die Umsetzung erfolgreich verläuft und wo ggf. Anpassungen vorgenommen oder Schleifen gedreht werden müssen. Ferner ist es notwendig, sämtliche Aktivitäten und erzielten Ergebnisse zu dokumentieren und zu kommunizieren (z. B. im Intranet, auf einem digitalen Whiteboard oder einer Pinnwand). So kann einem der am häufigsten genannten Kritikpunkte an solchen Prozessen entgegengewirkt werden – dem der fehlenden Transparenz.

Näheres zu

- den Umsetzungstools in Abschn. 3.2

Phase 4: Evaluation und Verstetigung
In der letzten Phase erfolgt die Evaluation und Reflexion einzelner Maßnahmen und Ergebnisse sowie des gesamten Organisationsentwicklungsprozesses. Hierzu werden u. a. die zuvor definierten Erfolgskriterien und Ziele genutzt. Im besten Fall können in dieser Phase Instrumente, Vorgehensweisen etc. identifiziert werden, die sich für eine kontinuierliche Weiterentwicklung eignen und die der Kulturbetrieb langfristig nutzen kann.

Wenngleich der Veränderungsdruck auch für Organisationen in der Kultur mittlerweile dauerhaft hoch ist, so ist es dennoch wichtig, zwischendurch konsequent für Phasen relativer Ruhe zu sorgen. In diesen Erholungsphasen wird Kraft für weitere größere Veränderungen getankt, denn in einem gewissen Sinne ist *nach* der Organisationsentwicklung immer *vor* der (nächsten) Organisationsentwicklung.

Am Ende eines Organisationsentwicklungsprozesses sollte dieser formal und für die Mitarbeitenden sichtbar zum Abschluss gebracht werden, z. B. durch eine finale Ergebnispräsentation und der Möglichkeit zum anschließenden Get-together.

1.4 Ablauf eines Organisationsentwicklungsprozesses

Näheres zu
- den Evaluationstools in Abschn. 3.3
- der Verstetigung von Veränderung in Abschn. 4.3

> **Erfolgsfaktor: Zeitliche Ressourcen**
> Veränderungen anzustoßen und nachhaltig zu implementieren erfordert Zeit. Deswegen braucht Organisationsentwicklung regelmäßig länger als geplant, auch weil mögliche Dynamiken und Widerstände in Veränderungsprozessen im Vorfeld nur schwer abschätzbar sind (vgl. Koß 2021). Für gewöhnlich sind Oganisationsentwicklungsprozesse auf ein bis drei Jahre angelegt; danach haben Kulturbetriebe Veränderung idealerweise als dauerhafte Aufgabe internalisiert und sind sicherer im Umgang damit geworden. Die konkrete Laufzeit eines Veränderungsprozesses ist dabei von den spezifischen Rahmenbedingungen eines Kulturbetriebs (z. B. Größe, Organisationskultur, Konfliktdichte und -anfälligkeit, Probleme bei der Terminfindung aufgrund von Saisonzeiten oder wichtigen Veranstaltungen), dem konkreten Ziel und Umfang der Organisationsentwicklung sowie externen Parametern abhängig. Prinzipiell ist es möglich, einen solchen Prozess auch kürzer anzulegen. Allerdings sehen wir die Gefahr, dass dann zu wenig Zeit für die so wichtige Reflexion zur Verfügung steht und damit auch die Akzeptanz und Nachhaltigkeit von Maßnahmen gefährdet ist.

Die wichtigsten Akteure 2

An einer Organisationsentwicklung sind viele Akteure beteiligt, die im Prozess unterschiedliche Rollen und Aufgaben übernehmen. Die wichtigsten Akteure sind die Leitung eines Kulturbetriebs, die weiteren Führungskräfte, die Mitarbeitenden und ggf. die externe Prozessbegleitung. Darüber hinaus spielen Gremien (z. B. Personalrat) sowie der Träger eine wichtige Rolle.

2.1 Kulturbetriebsleitung

Die Kulturbetriebsleitung hat die Befugnis und Verantwortung eine Organisationsentwicklung anzustoßen und über die Zeit hinweg zu ermöglichen. Ihre Rolle beinhaltet beispielsweise die Freigabe von Ressourcen, die Übertragung von Entscheidungsbefugnissen und die Verteilung von Aufgaben. Wird eine externe Begleitung hinzugezogen, fungiert die Kulturbetriebsleitung zudem als Auftraggeber. Grundsätzlich sollte sie möglichst stabile Rahmenbedingungen für den Veränderungsprozess schaffen.

> **Erfolgsfaktor: Prozessarchitektur**
> Der Kulturbetriebsleitung obliegt es in ihrer Funktion als Projektleitung den Prozess zu steuern, wobei sie hier in der Regel eng mit der Projekt- bzw. Stabsstelle (falls vorhanden) und der externen Begleitung (sofern eingebunden) zusammenarbeitet. Für eine optimale Steuerung empfehlen wir, vor Prozessbeginn zumindest eine grobe, vorläufige Planung des

> Ablaufs vorzunehmen. Diese wird in der sogenannten *Prozessarchitektur* dargestellt. Sie zeigt, welche Aktivitäten wann und mit wem geplant sind; auch die Meilensteine werden hier festgehalten. Die Prozessarchitektur bietet sowohl den Steuerungsverantwortlichen als auch den Beschäftigten einen Überblick über die geplanten Aktivitäten und zeigt auf, wo Prozesse u. U. parallel stattfinden und welche Laufzeiten jeweils erwartet werden.
>
> Um unrealistischen Erwartungen vorzubeugen, raten wir Prozessverantwortlichen, von Beginn an darauf hinzuweisen, dass sich der Plan im Laufe des Prozesses ändern kann und sehr wahrscheinlich auch wird. Vor allem in auf mehrere Jahre angelegten Prozessen ist es sinnvoll, die Prozessarchitektur nur für die erste Phase detaillierter festzulegen und die weiteren Phasen gröber zu umreißen. Updates, die an der Prozessarchitektur vorgenommen werden, gilt es dann im Weiteren transparent und regelmäßig an die Beschäftigten zu kommunizieren.

Für den Erfolg einer Organisationsentwicklung ist es zweifellos entscheidend, dass sich die Kulturbetriebsleitung während des gesamten Verlaufs (mit)verantwortlich sieht, die Ziele im Blick behält und sich aktiv für den Prozess einsetzt. Indem sie u. a. durch ihre regelmäßige Teilnahme an Workshops und anderen Formaten zeigt, wie wichtig ihr die Organisationsentwicklung ist, dient sie ihren Mitarbeitenden als Vorbild, signalisiert Ernsthaftigkeit, schafft Verbindlichkeit und Vertrauen (vgl. Gairing 2017). Gleichzeitig benötigt die Kulturbetriebsleitung Kommunikationskompetenzen und Konfliktfähigkeit, denn es wird immer wieder zu Situationen kommen, in denen der erste Schwung des Veränderungsprozesses nachlässt und die Mitarbeitenden neu motiviert und orientiert werden müssen.

> **Erfolgsfaktor: Konkretes Thema und klare Zielsetzung**
> Die Kulturbetriebsleitung trägt die Hauptverantwortung für die klare Stoßrichtung einer Organisationsentwicklung. Im Idealfall fühlt sich allerdings (sofern vorhanden) auch die zweite Führungsebene für die Zielerreichung mitverantwortlich – und macht das Projekt zu „ihrem". Zu Beginn ist die Zielsetzung häufig recht abstrakt, wie etwa eine bessere Kommunikation zwischen den Abteilungen fördern, Prozesse vereinfachen oder die Arbeitgeberattraktivität erhöhen. Es ist jedoch sinnvoll, frühzeitig erste Ergeb-

nisziele festzulegen. Wir empfehlen hierbei auf klare Formulierungen zu achten. Idealerweise entsteht ein einprägsames Bild, das deutlich macht, welche positiven Effekte mit der Organisationsentwicklung erreicht werden können. Denn nicht zuletzt sollen die Ziele den Beteiligten Orientierung und Motivation geben sowie Verbindlichkeit und Transparenz schaffen. Weiterhin sollten die Ziele möglichst greifbar sein – hier empfiehlt sich eine Formulierung nach dem SMART-Prinzip (d. h.: spezifisch, messbar, attraktiv, realistisch und terminiert). Selbstverständlich ist, dass sich die Ziele der Organisationsentwicklung an der generellen Ausrichtung des Kulturbetriebs orientieren und auf diese positiv einwirken.

Falls mit einer Organisationsentwicklung mehrere Ziele verfolgt werden, empfehlen wir eine Priorisierung. Werden in der Praxis zu viele Themen zeitgleich angegangen, kann das zu einem Optimierungs- und Modernisierungsoverkill bei den Mitarbeitenden führen. Auch zu vermeiden ist eine „hidden agenda", dass also neben dem offiziellen Ziel der Organisationsentwicklung weitere Ziele verdeckt verfolgt werden (z. B. Sicherung von Machtpositionen). Dies wird regelmäßig zu Konflikten führen und die Glaubwürdigkeit des gesamten Projekts torpedieren.

2.2 Führungskräfte

Neben der Kulturbetriebsleitung nehmen auch alle weiteren Führungskräfte (z. B. Abteilungs-, Referats-, Bereichs- oder Teamleitungen) eine wichtige Rolle im Prozess ein, indem sie zum Beispiel

- mit der obersten Führungsebene eng zusammenarbeiten und diese bei der Planung, Umsetzung und Evaluation notwendiger Schritte unterstützen,
- die Umsetzung der Veränderungen in ihrem jeweiligen Verantwortungsbereich vorantreiben, hierbei Aufgaben und Ressourcen koordinieren, bei auftretenden Hindernissen Lösungen finden und den Erfolg von Maßnahmen kontrollieren,
- (komplexe) Informationen adressatengerecht vermitteln und als Ansprechpersonen für ihr Team fungieren,
- die aktive Teilnahme ihrer Mitarbeitenden am Veränderungsprozess unterstützen und deren Eigenverantwortung fördern,
- Widerstände und Konflikte in ihrem Team erkennen und ansprechen.

Dabei gilt es im Blick zu behalten, dass auch die Führungskräfte selbst von Veränderungen betroffen sein können und dementsprechend eigene Zweifel und Unsicherheiten haben. Für viele ist zudem die partizipative Beteiligung in Veränderungsprozessen ungewohnt, nicht wenige fühlen sich unwohl mit einem vermeintlichen (oder ggf. auch tatsächlichen) Kontroll- und Machtverlust. Daher ist es bei dieser Akteursgruppe besonders wichtig, sie von Beginn an aktiv in den Organisationsentwicklungsprozess einzubeziehen und ihre Wünsche, Sorgen und Ideen frühzeitig zu adressieren. Zusätzlich kann die Fähigkeit, mit Veränderungen umzugehen und sie produktiv zu bewältigen, durch Maßnahmen der Führungskräfteentwicklung gefördert werden (z. B. Coaching, Kommunikations- und Konflikttrainings).

> **Erfolgsfaktor: Kommunikation und Information**
> Kommunikation – zum Prozess, zu anvisierten bzw. erzielten Ergebnissen oder entstandenen Herausforderungen – ist in der Organisationsentwicklung ein wesentlicher Erfolgsfaktor. In erster Linie sind die Kulturbetriebsleitung sowie die den Prozess koordinierende Person (vgl. Abschn. 2.4) für diese Aufgabe verantwortlich. Auch den weiteren Führungskräften kommt diesbezüglich eine bedeutende Rolle zu, da sie sowohl für ihr Team sprechen als auch wichtige Informationen an dieses weitergeben.
>
> Damit Unklarheiten zügig aufgefangen und Kommunikationsverluste vermieden werden, empfehlen wir ein phasenorientiertes Kommunikationskonzept. In diesem wird grob festgelegt, wer an wen welche Inhalte in welcher Form und zu welchem Zeitpunkt vermittelt. Zu Beginn eines Organisationsentwicklungsprozesses sollten z. B. alle Mitarbeitenden über
>
> - die Gründe und Ziele,
> - den groben Ablauf und die geplanten Meilensteine,
> - und die anvisierten Ergebnisse der Veränderung informiert werden.
>
> Aber auch über die weiteren Projektphasen bis zum Abschluss hinweg braucht es kontinuierlich und systematisch Kommunikation. Neben der Information über den jeweiligen Stand des Prozesses geht es hierbei insbesondere auch darum,

- Transparenz und damit Vertrauen in den Prozess zu schaffen,
- Fehlinformationen und subjektiven Auslegungen (z. E. auch im Rahmen von „Flurfunk") entgegenzusteuern,
- Ängste und Widerstände zu adressieren, zu regulieren, ggf. abzubauen,
- den Dialog zu fördern und die Beteiligten aktiv in das Projekt einzubeziehen (vgl. Hausmann 2021).

Die zur Verfügung stehenden Kommunikationsinstrumente sind zahlreich. Neben mündlichen Formaten wie Mitarbeitendenversammlungen, Projekttagen, Workshops, Informationen durch den Vorgesetzten (z. B. im Rahmen von Teammeetings), kann auch schriftlich kommuniziert werden (Intranet, Infomails, Newsletter, Protokolle oder projektbezogene Aushänge). Kauffeld et al. (2019) raten dabei für die Kommunikation in Veränderungsprozessen:

1. Lieber persönlich als schriftlich,
2. besser frühzeitig fragmentarisch als spät und vollständig,
3. lieber schlechte Nachrichten als keine Nachrichten.

2.3 Mitarbeitende

Nicht überraschend ist die Einbeziehung und Partizipation möglichst vieler Mitarbeitender aus den verschiedenen Organisationsbereichen ein weiterer wichtiger Schlüssel zum Erfolg von Veränderungsprozessen. Dies hat verschiedene Gründe:

- Mitarbeitende sind die Expert*innen in ihren jeweiligen Arbeitsbereichen und bringen spezifische Organisationskenntnisse mit.
- Vor allem langjährige Mitarbeitende verfügen über wertvolle Hintergrundinformationen zu gewachsenen Strukturen, früheren (möglicherweise auch gescheiterten) Veränderungsprozessen oder typischen Kommunikationswegen im Kulturbetrieb.
- Neuere Mitarbeitende haben wiederum einen frischen, noch unvoreingenommenen Blick auf den Kulturbetrieb (z. B. hinsichtlich der Organisationskultur, Entscheidungsprozessen, Kommunikationswegen).

Zudem bringen sie u. U. auch Good Practice-Wissen von ihren vormaligen Arbeitgebern mit.
- In vielen Fällen existieren im Kreis der Beschäftigten bereits konkrete Lösungsvorschläge für bestehende Probleme und kreative Ideen zur Weiterentwicklung des Kulturbetriebs.
- Mitarbeitende werden durch ihre Einbindung zu wichtigen Multiplikator*innen für Veränderung in der eigenen Organisationseinheit.
- Durch ihre aktive Mitarbeit (z. B. innerhalb einer Steuerungs- oder Projektgruppe) werden sie zudem in Veränderungskompetenzen geschult und können Erlerntes in ihre Abteilung bzw. Bereiche weitergeben.

Die genannten Gründe verdeutlichen, wie wichtig es generell ist, die Beschäftigten in den Prozess einzubeziehen. Für Mitarbeitende, die *direkt* von Veränderungen betroffen sind, empfehlen wir die aktive Beteiligung aber besonders ausdrücklich, da bei dieser Personengruppe verständlicherweise große Sorgen und Verunsicherung darüber bestehen, was mit ihnen (oder ihrem Arbeitsbereich) geschehen wird. Oft haben Betroffene ähnliche Fragen:

- Was sind die Gründe für die anstehende Veränderung?
- Was genau wird verändert, was darf auch bleiben?
- Was ist die Zukunftsvision, für die wir die Veränderung durchführen?
- Wo ist mein Platz in dieser Zukunftsvision?

Das Mindestmaß an Beteiligung der Beschäftigten besteht in der regelmäßigen und transparenten Information über den Stand des Prozesses. Für eine weitergehende aktive Teilhabe stehen zahlreiche Möglichkeiten zur Verfügung:

- Auftaktveranstaltung (vgl. Abschn. 3.1),
- gemeinsame Analyse des Veränderungsbedarfs (vgl. Abschn. 3.1),
- gemeinsame Umsetzung der Veränderungen (vgl. Abschn. 3.2),
- Mitwirkung an Abschlussveranstaltung und Evaluation (vgl. Abschn. 3.3).

So wichtig die Einbeziehung der Mitarbeitenden in den Prozess ist, so wichtig ist es allerdings auch, im Blick zu behalten, wo die Ergebnisse dieser Partizipation tatsächlich umgesetzt werden können. Denn laufen die Bemühungen der Beschäftigten ins Leere, dann kann schnell ein Gefühl von „Pseudo-Beteiligung" und fehlender Wertschätzung entstehen. So berichtet Wiesbauer (2015) aus einem Veränderungsprojekt im MUMOK Wien davon, dass die Aufsichtskräfte des Hauses zwar zur Teilnahme an einer Mitarbeitendenbefragung eingeladen wur-

2.3 Mitarbeitende

den, dass im daraus abgeleiteten Handlungsplan jedoch für diesen Arbeitsbereich keine wesentlichen Veränderungen enthalten waren. Das Aufsichtspersonal reagierte hierauf mit großer Enttäuschung, was den weiteren Prozess eine Zeitlang fast vollständig ausbremste. Wiesbauer kommt zu dem Schluss: „Wäre schon im Vorfeld Bedacht darauf genommen worden, was in Hinblick auf diesen Bereich thematisiert werden kann und wie eingeschränkt der Gestaltungsspielraum tatsächlich ist, hätte mancher Schaden vermieden werden können" (2015, S. 107).

Erfolgsfaktor: Niemanden vergessen!
Neben den Führungskräften und Mitarbeitenden gibt es weitere Stakeholder, die Berücksichtigung finden sollten.

Interne Gremien/Personen in Sonderfunktionen
Hierzu gehören beispielsweise der Personal- bzw. Betriebsrat, Arbeitskreise, Beauftragte für Chancengleichheit, die Schwerbehindertenvertretung oder auch Datenschutzbeauftragte. Verschiedene Arten der Einbindung sind denkbar: In jedem Fall sollten interne Gremien und Personen mit Sonderfunktionen über die geplanten Veränderungen informiert werden. Darüber hinaus kann es sinnvoll sein, sie auch in die inhaltliche Ausarbeitung von Ideen, Konzepten etc. einzubeziehen – immerhin vertreten sie die Mitarbeitenden und sind qua Amt dafür zuständig, deren Perspektiven und Rechte einzubringen bzw. zu wahren. Je nach Prozessschritt kann die Einbindung bzw. Mitbestimmung der genannten Gremien und Personen verpflichtend sein (siehe z. B. Personalvertretungsgesetze).

Träger
Auch die Träger von Kulturbetrieben spielen in Veränderungsprozessen eine wichtige Rolle. Sie fungieren z. T. als Initiatoren oder geben Impulse, einen solchen Prozess überhaupt anzugehen. Weiterhin besitzen die Träger spezifisches Wissen über den Kulturbetrieb, das bei einer Organisationsanalyse hilfreich sein kann. Darüber hinaus stellen die Träger im Rahmen ihrer Möglichkeiten manchmal auch Projektmittel zur Verfügung, mit denen der Kulturbetrieb eine externe Begleitung oder eine in der Institution angesiedelte Stelle (co-)finanzieren kann.

2.4 Projekt- bzw. Stabsstelle

In Abhängigkeit von den Zielen, des Umfangs und der Dauer(haftigkeit) eines Veränderungsprozesses kann es sinnvoll sein, temporär oder dauerhaft eine Stelle im Kulturbetrieb zu schaffen, die sich – vollständig oder zu einem großen Teil ihrer Tätigkeit – um Themen rund um die Organisationsentwicklung kümmert (vgl. Braun 2023). Da die Organisationsentwicklung die Institution als Ganzes betrifft, empfehlen wir, die entsprechende Stelle übergreifend anzusiedeln (beispielsweise als Stabsstelle bei der Kulturbetriebsleitung). Dies unterstreicht nicht nur die Relevanz der Organisationsentwicklung, sondern sichert auch eine Anbindung zu der für Veränderungsprozesse so wichtigen Führungsebene (vgl. Abschn. 2.2).

Zu den Kernaufgaben einer solchen Stelle gehören:

- Funktion als kommunikative Schnittstelle zwischen Kulturbetriebsleitung und Führungskräften, Mitarbeitenden und ggf. externer Begleitung, aber auch zwischen verschiedenen Teams und Arbeitsgruppen,
- Unterstützung der Kulturbetriebsleitung bei der Ausgestaltung von Prozessschritten und der Steuerung des Gesamtprozesses,
- Initiation und Begleitung von konkreten Veränderungsvorhaben,
- Moderation von Workshops und anderen Beteiligungsformaten,
- Konzeption und Implementierung neuer Tools und Prozesse (in Kooperation mit den inhaltlich Verantwortlichen).

Empfehlung: Profil eines*einer Organisationentwickler*in im Kulturbetrieb
Fachliche Kenntnisse:

- (Kultur-)Managementkompetenz
- Transformationskompetenz (einschl. Moderations- und Methodenkompetenz)
- Gute Kenntnisse des Kulturbetriebs, der Berufsgruppen und Tätigkeitsfelder

Soft Skills:

- Empathie
- Durchsetzungsfähigkeit
- Kommunikationsstärke

2.4 Projekt- bzw. Stabsstelle

- Strategisches Denken
- Analytische Fähigkeiten
- Schnelle Auffassungsgabe
- Selbstständiges Arbeiten
- Netzwerkfähigkeit

Wünschenswerte Qualifikationen (je nach Zielsetzung der Organisationsentwicklung und Gegebenheiten im Kulturbetrieb):

- Ausbildung im Bereich Organisationsentwicklung/Coaching etc.
- Mediation/Konfliktmanagement
- Agiles Projekt- bzw. Prozessmanagement

Gerade am Anfang der Tätigkeit ist es für den*die Stelleninhaber*in entscheidend, Beziehungsarbeit innerhalb des Kulturbetriebs zu leisten. Dies ist wichtig, weil ein Organisationsentwicklungsprozess grundsätzlich für Unsicherheit sorgt und eine neue Stelle zusätzliche Bedenken bei den Mitarbeitenden hervorrufen kann: Was sind deren Aufgaben? Welchen Einfluss wird sie auf mich und meinen Arbeitsbereich haben? Um diese und weitere Fragen zu adressieren, ist es von Bedeutung, Zeit in den Aufbau eines Vertrauensverhältnisses zu investieren. Gleichermaßen ist es wichtig, ein *innerbetriebliches Netzwerk* zu etablieren und zu pflegen, um Mitstreiter*innen für die Umsetzung konkreter Veränderungen zu finden.

Nicht immer kann oder soll eine neue Stelle geschaffen werden. In diesen Fällen empfehlen wir, dass eine Person, die bereits im Kulturbetrieb tätig ist, Interesse an Veränderungsthemen hat und über die erforderlichen fachlichen bzw. methodischen Kompetenzen verfügt (oder Lust hat, sich diese anzueignen), temporär oder dauerhaft den Veränderungsprozess begleitet. Zu berücksichtigen ist allerdings, dass diese Person im Weiteren u. U. Maßnahmen initiiert, begleitet oder umsetzt, die sich auf andere Beschäftigte auswirken; darüber hinaus wird sie eng mit der Hausleitung zusammenarbeiten (ggf. dort strukturell verankert sein). Hierdurch kann bei den Kolleg*innen ein Gefühl des „Seitenwechsels" entstehen, der das Vertrauen negativ beeinflussen kann.

Unabhängig davon, ob eine Person von extern oder von intern die Projekt- bzw. Stabsstelle Organisationsentwicklung übernimmt, besteht immer die Gefahr, dass diese Person von den anderen Beschäftigten als alleinige Treiberin und Verantwortliche für die Umsetzung von Veränderung gesehen wird. Unserer Erfahrung nach kann dies nur vermieden werden, wenn die jeweiligen Rollen und

Verantwortlichkeiten immer wieder geklärt, klar kommuniziert und die mit der Organisationsentwicklung einhergehenden Aufgaben explizit auf mehrere Schultern verteilt werden.

> **Empfehlung: Koordinierungsgruppe**
> Vor allem bei größeren Veränderungsprojekten kann es sinnvoll sein, neben der Kulturbetriebsleitung und der Projekt- bzw. Stabsstelle weitere Führungskräfte und Mitarbeitende in einer sogenannten *Koordinierungsgruppe* (auch Steuerungs- oder Lenkungsgruppe genannt) einzubinden (vgl. Schiersmann und Thiel 2018). Je nach Projektumfang und Veränderungsvorhaben kann diese Gruppe verschiedene Aufgaben übernehmen, z. B.
>
> - die Koordination, das Controlling und die Reflexion des Prozesses,
> - die Entwicklung neuer Ideen,
> - die Vermittlung zwischen unterschiedlichen Anliegen sowie
> - die Kommunikation einzelner Aktivitäten und Erfolge in das Haus bzw. den eigenen Arbeitsbereich.
>
> Die Koordinierungsgruppe sollte eine Größe haben, die effizientes Arbeiten ihrer Mitglieder gewährleistet (z. B. hinsichtlich der Abstimmung von Terminen oder der Entscheidungsfindung). Gleichzeitig ist es sinnvoll, dass möglichst viele der für die Organisationsentwicklung wesentlichen Gruppen repräsentiert sind (z. B. Personalrat, Führungskräfte, Vertreter*innen der betroffenen Bereiche, Sprecher*innen von Projektgruppen etc.).

2.5 Externe Begleitung

Eine externe Begleitung kann in jeder Phase eines Veränderungsprozesses hinzugezogen werden. Ihre Unterstützung kann damit in unterschiedlichem Ausmaß erfolgen, was v. a. mit Blick auf die Ressourcen kleinerer Kulturbetriebe wichtig ist: Von der Konzeption der Prozessarchitektur, über die Durchführung einzelner Workshops oder die längerfristige Begleitung des Veränderungsprozesses sind viele Varianten der Prozessbegleitung möglich.

Erfahrungsgemäß sollten Veränderungsmaßnahmen von den Betroffenen selbst entwickelt werden, damit sie auch tatsächlich von ihnen getragen werden. Daher

2.5 Externe Begleitung

verstehen wir die externe Begleitung im Rahmen von Organisationsentwicklung in erster Linie als *Hilfe zur Selbsthilfe*, d. h. ihre Aufgabe ist es gerade nicht „fertige" Lösungen vorzuschlagen, sondern durch Moderation und Intervention einen Rahmen zu schaffen, in dem die Beschäftigten an eigenen Lösungen für die spezifischen Probleme ihrer Organisation arbeiten können (vgl. Nerdinger 2019) und Unterstützung bekommen, wenn eingefahrene Denkmuster den Blick auf mögliche alternative Handlungsoptionen verstellen.

Die Entscheidung, ob Externe mit ihrer Fach- und Prozessexpertise die Organisationsentwicklung begleiten sollen, wird u. a. durch folgende Kriterien beeinflusst:

- Know-How und Kapazitäten innerhalb des Kulturbetriebs: z. B. kann eine interne Stelle für Organisationsentwicklung eingerichtet oder für eine bestimmte Zeit abgestellt werden? Haben Führungskräfte entsprechende Kompetenzen und Erfahrungen mit Veränderungsprozessen? Gibt es hinreichend Kompetenzen bei der Anwendung partizipativer Methoden?
- Ausgangssituation/Organisationskultur: z. B. wie hoch ist das Konfliktniveau bzw. die Konfliktfähigkeit? Ist die Bereitschaft zur Veränderung eher hoch oder gering?
- Budget und ggf. Wille der Träger

Veränderungsprozesse sind regelmäßig komplex und laufen selten ohne Widerstände und Konflikte ab. Gleichzeitig sind die Budgets in vielen Kulturbetrieben knapp und eine gute Prozessbegleitung hat ihren Preis. In Tab. 2.1 werden daher sowohl die Vor- als auch die Nachteile einer externen Begleitung aufgeführt.

Da der Beratungsmarkt unübersichtlich ist, gestaltet sich eine Einschätzung der Qualität häufig als schwierig. Aus diesem Grund können Kulturbetriebe u. a. folgende Kriterien heranziehen, um eine geeignete Begleitung für ihre Organisationsentwicklung zu finden:

- Fachkompetenz und Erfahrung mit Kulturbetrieben (idealerweise auch in der spezifischen Kultursparte),
- Nachweise von erfolgreichen Projekten und Empfehlungen früherer Auftraggebender,
- Kompatibilität zwischen Berater*innen und Kulturbetriebsleitung und relevanten Organisationsmitgliedern,
- Passung der angewandten Methoden und Ansätze der Externen mit Zielen und Erwartungen an die Organisationsentwicklung,
- offene und transparente Kommunikation,
- Möglichkeit einer Unterstützung auch nach Abschluss des Projekts.

Tab. 2.1 Vor- und Nachteile einer externen Begleitung nach Hausmann (2021)

Vorteile einer externen Begleitung	Nachteile einer externen Begleitung
• keine „Betriebsblindheit", dadurch höhere Sachorientierung und neue Ideen • In der Regel höhere Fachkompetenz und Erfahrung aus anderen Projekten • Neutraler Blick, der weniger emotional mit dem Kulturbetrieb verbunden ist und konfliktreduzierend auf Organisation und Mitarbeitende wirken kann • Entlastung interner Ressourcen • „Auffangbecken" und Projektionsfläche für Vorwürfe, negative Emotionen etc., die ansonsten andere Organisationsmitglieder treffen würden	• Finanzielle Belastung durch entstehende Kosten • Mangelnde Kenntnis der internen Kultur und Dynamik (u. U. Zeitverlust, Missverständnisse möglich) • Fehlende Kompetenz oder eine unzureichende Passung der externen Begleitung zum Kulturbetrieb können bestehende Probleme verschärfen

Erfolgsfaktor: Offener Umgang mit Konflikten

Bei Veränderungsprozessen kommt es regelmäßig zu Widerständen und Konflikten. Diese können verschiedene Ursachen haben, z. B. fehlende Kommunikation oder Transparenz über die Prozessarchitektur, Streit um die (Neu-)Verteilung von Ressourcen, den Zuschnitt von Organisationseinheiten oder die Veränderung von (vermeintlichen, tatsächlichen) Machtverhältnissen. Die Konflikte können auf verschiedenen Ebenen auftreten (Individuum, Team, Abteilung, gesamte Organisation). Spätestens bei „heißen" bzw. schwierigen Konflikten ist es unserer Erfahrung nach sinnvoll, eine externe Prozessbegleitung in das Projekt einzubeziehen. Eine neutrale Partei kann festgefahrene Konfliktlinien oft schneller aufbrechen und einen wertvollen Beitrag zur Konfliktregulierung leisten.

Uns ist an dieser Stelle wichtig, darauf hinzuweisen, dass in der Regel nicht die Organisationsentwicklung der Konfliktgrund ist, vielmehr ist sie der Katalysator für bereits existierende, häufig seit langem schwelende Konflikte, die neu aufbrechen oder erstmalig an die Oberfläche kommen. Dabei gilt in der Organisationsentwicklung: Störungen haben Vorrang! D. h. die Konflikte sollten adressiert und reguliert werden, bevor die nächsten Projektschritte eingeleitet werden. Ansonsten droht Stagnation oder die Überlastung des eigentlichen Veränderungsprozesses.

Die wichtigsten Tools 3

Es gibt eine Vielfalt an Tools, die im Rahmen einer Organisationsentwicklung einzeln oder in Kombination eingesetzt werden können. Wichtig ist, dass die Maßnahmen auf die Ziele und Rahmenbedingungen (Ressourcen, Organisationsgröße und -kultur, Erfahrungen und Kompetenzen der Beteiligten etc.) des jeweiligen Kulturbetriebs abgestimmt werden. Idealerweise verfügen sie über einen gewissen Neuheitscharakter, um Lernanreize zu bieten und sich vom alltäglichen Arbeiten abzugrenzen (vgl. Schiersmann und Thiel 2018). Im Folgenden besprechen wir eine Auswahl (s. Abb. 3.1); für weitere Tools, wie z. B. Prozess- oder Aufgabenanalysen, verweisen wir auf die weiterführende Literatur (z. B. Schifferer und von Reitzenstein 2018).

3.1 Maßnahmen für die Startphase

Zum Start der Organisationsentwicklung gilt es, die aktuelle Situation im Kulturbetrieb zu erfassen. Die Maßnahmen in der Startphase haben damit einen analytisch-empirischen Fokus. Hierzu eignen sich Instrumente, die gleichzeitig dazu dienen, die Mitarbeitenden in den Prozess einzubeziehen und zu aktivieren.

Kick-off-Meeting
Ein Kick-off-Meeting stellt üblicherweise den offiziellen Beginn für eine Organisationsentwicklung dar, insbesondere wenn es eine externe Moderation bzw. Begleitung des Prozesses gibt. Übergeordnetes Ziel ist ein gelingender Auftakt, wodurch ein belastbares Fundament für den weiteren Projektverlauf gelegt werden soll. Im Kick-off-Meeting werden die Beteiligten über die Hintergründe,

Maßnahmen für die Startphase	Maßnahmen in der Umsetzungsphase	Maßnahmen in der Evaluationsphase

• Kick-off-Meeting
• Dokumentenanalyse
• Interviews und Fokusgruppen
• Mitarbeitendenbefragung
• SWOT-Analyse
	• Workshops und Großgruppenverfahren
	• Agile Methoden
	• Retrospektiven
	• Teamentwicklung
	• Coaching
		• Qualitative Methoden
		  - Beobachtungen
		  - Einzelgespräche
		  - Fokusgruppen
		• Quantitative Methoden
		  - Befragungen
		  - Kennzahlen

Abb. 3.1 Maßnahmen im Überblick

Bedeutung, Ziele, Meilensteine, zeitlichen Abläufe und Organisation des Veränderungsprozesses informiert. Dies zielt darauf ab, ein gemeinsames Verständnis zu entwickeln, einen einheitlichen Wissensstand zu schaffen und Missverständnisse – wie sie z. B. bei einer Kommunikation per E-Mail auftreten können – zu verringern. Weiterhin dient das Kick-off-Meeting dem Austausch und Kennenlernen der Beteiligten. Idealerweise gelingt es, möglichst viele Beschäftigte auf den Prozess neugierig zu machen und Bedenken entgegenzuwirken. Gleichzeitigen sollten keine (Erfolgs-)Versprechungen gemacht werden, die im Weiteren nicht eingehalten werden können.

Die Bedeutung des Ambientes bei einem Kick-off-Meeting ist unserer Erfahrung nach nicht zu unterschätzen; wir empfehlen geeignete Räumlichkeiten, ausreichend Zeit, eine ungestörte Umgebung und Verpflegung. Obwohl das Kick-off-Meeting im großen Rahmen stattfinden kann, sollten die Beschäftigten das Gefühl haben, Fragen offen stellen zu können. Eventuell können diese im Vorfeld (von den Vorgesetzten, von Vertrauenspersonen, im Intranet etc.) gesammelt werden, falls Mitarbeitende ihre Sorgen und Bedenken nicht im großen Plenum äußern möchten.

Dokumentenanalyse
Das klassische Instrument der Dokumentenanalyse dient auch im Rahmen einer Organisationsentwicklung dazu, Informationen, die bereits in schriftlicher Form vorliegen, zu sammeln und auszuwerten. Sie wird sinnvollerweise als Analyseeinstieg genutzt, damit weitere Prozessschritte gezielter und effizienter durchgeführt werden können. Besonders relevant im Kontext von Veränderungsprozessen sind z. B.

3.1 Maßnahmen für die Startphase

- Organigramme,
- Strategiepapiere,
- Zielvereinbarungen,
- Leitbilder,
- Geschäftsverteilungspläne,
- Haushaltspläne,
- Dienstvereinbarungen,
- Personal- und Stellenpläne,
- Ergebnisse aus Mitarbeitendenbefragungen,
- Arbeitsplatzbeschreibungen/Stellenbeschreibungen,
- Jahresberichte,
- Protokolle.

Der Nutzen für die Organisationsentwicklung besteht darin, dass eine Dokumentenanalyse zügig viele Informationen zum Untersuchungsbereich liefert, ohne dass Organisationsabläufe gestört und viele Mitarbeitende einbezogen werden müssen. Sie ist besonders für die externe Prozessbegleitung, aber auch für die interne Prozesssteuerung hilfreich, um die bestehenden Strukturen, Prozesse, Strategien eines Kulturbetriebs zu verstehen. In der Kulturpraxis zeigt sich dabei nicht selten, dass die Dokumente

- nicht mehr aktuell sind (v. a. Leitbilder, Strategiepapiere, Organigramme, Stellenpläne),
- im Kulturbetriebsalltag keine Relevanz haben (weshalb es immer wichtig ist, die Ergebnisse der Dokumentenanalyse mit den Ergebnissen aus den im Weiteren vorgestellten Methoden abzugleichen) oder
- nicht zur Verfügung gestellt werden können bzw. nicht vorhanden sind (z. B. Stellen- oder Tätigkeitsbeschreibungen).

Alles drei ist dabei ein wichtiger Fingerzeig für die Organisationsentwicklung und kann in die weiteren Analyseschritte einfließen.

Interviews und Fokusgruppen
Im Anschluss an die Dokumentenanalyse werden im Rahmen einer Organisationsentwicklung, v. a. in größeren Kulturbetrieben, häufig Interviews und/oder Fokusgruppen mit ausgewählten Mitarbeitenden durchgeführt. Während es sich bei einem Einzelinterview um eine mündliche, zweckgerichtete und in der Regel leitfadengestützte Befragung einzelner Beschäftigter handelt, sind bei Fokusgruppen mehrere Teilnehmende involviert. Unserer Erfahrung nach ist

der Vorteil von Fokusgruppen, dass verschiedene Perspektiven eingebracht und unterschiedliche Meinungen zeitgleich gesammelt werden können. Durch die gemeinsame Diskussion können zentrale Aspekte besser als in Einzelgesprächen herausgearbeitet werden. Bei Einzelinterviews ist es hingegen wahrscheinlicher, dass die Teilnehmenden offener und detaillierter über ihre persönlichen Ansichten und Erfahrungen sprechen und nicht durch andere Personen beeinflusst werden.

Der Nutzen von Interviews und Fokusgruppen für die Organisationsentwicklung liegt darin, dass durch die direkte Interaktion mit den Teilnehmenden Informationen über die aktuelle Lage im Kulturbetrieb gesammelt werden können. Der persönliche Austausch hilft den Prozessverantwortlichen, bei Unklarheiten nachzuhaken und ein tiefergehendes Verständnis von Sachverhalten, Problemen, Meinungen etc. zu gewinnen. Weiterhin bieten Interviews und Fokusgruppen eine erste Möglichkeit, Teile der Belegschaft aktiv einzubeziehen. Indem die Mitarbeitenden frühzeitig die Möglichkeit haben, ihre Perspektiven und Bedürfnisse im Dialog zu äußern, kann Vertrauen zwischen den Beteiligten aufgebaut und eine offene und ehrliche Kommunikationskultur gefördert werden.

Vor diesem Hintergrund ist es wichtig, die Auswahl der Personen für Interviews und Fokusgruppen sorgfältig zu planen. Dabei gilt es sicherzustellen, dass Beschäftigte aus verschiedenen Hierarchieebenen und Funktionen gehört und unterschiedliche Perspektiven und Meinungen berücksichtigt werden. Da in der Regel nur ein Teil der Belegschaft interviewt werden oder bei einer Fokusgruppe dabei sein kann, kommt es vor, dass sich die nicht-befragten Personen zurückgesetzt fühlen. Wir empfehlen daher, die Gründe für die (Nicht-)Auswahl offenzulegen und alternative Möglichkeiten zur Beteiligung im weiteren Prozessverlauf aufzuzeigen.

Mitarbeitendenbefragung
Eine Mitarbeitendenbefragung ist eine schriftliche Befragung, die üblicherweise an alle Beschäftigte gerichtet ist. Sie findet anonym und auf freiwilliger Basis statt. Die Befragung kann online oder offline durchgeführt werden, wobei in der Regel ein teil-standardisierter Fragebogen verwendet wird. Gegenüber den Methoden Interview und Fokusgruppe kann mit der Mitarbeitendenbefragung eine größere Anzahl an Personen erreicht werden, sodass sich repräsentative Ergebnisse erzielen lassen. Für detaillierte Ausführungen hierzu verweisen wir auf das *essential* „Mitarbeiterbefragungen in Kulturbetrieben – Planung, Durchführung und Folgeprozesse" (Hausmann und Zischler 2022).

Wenn die Kulturbetriebsleitung die Mitarbeitendenbefragung mit echtem Interesse am Feedback der Belegschaft durchführt und die Ergebnisse anschließend auch zu greifbaren Veränderungen führen, insbesondere bei den kritisch bewerten Themen, dann kann dies die Arbeitszufriedenheit positiv beeinflussen. Unse-

3.1 Maßnahmen für die Startphase

rer Erfahrung nach wird allein die Tatsache, dass eine Mitarbeitendenbefragung im Kulturbetrieb stattfindet, erste wertvolle Reflexions- und Kommunikationsprozesse unter den Mitarbeitenden anstoßen.

Allen Beschäftigten sollte die Möglichkeit eingeräumt werden, dass sie während ihrer regulären Arbeitszeit an der Befragung teilnehmen können. Ist dies nicht möglich, beispielsweise bei denjenigen Berufsgruppen, die in festen Schichten arbeiten (z. B. Aufsichts-, Garderoben-, Einlass-, Gastronomie- oder Shoppersonal), empfehlen wir, die Teilnahme vor oder nach der regulären Arbeitszeit zu ermöglichen und dafür eine Arbeitszeitgutschrift zu geben. Nicht zu unterschätzen ist dabei, dass u. U. auch technische Voraussetzungen geschaffen werden müssen, um wirklich allen eine Teilnahme zu ermöglichen (bei einer Onlinebefragung z. B. Zugang zu einem Computer oder Tablet für Berufsgruppen, deren Tätigkeit regulär keine technische Ausstattung erfordert).

Es soll hier nicht verschwiegen werden, dass die Ankündigung einer solchen Befragung bei einigen Beschäftigten Bedenken und Ängste auslösen wird, meist zweifeln sie an der Anonymität der Befragung und haben Sorgen vor negativen Konsequenzen durch ihre Vorgesetzten. Bei kleineren Kulturbetrieben mit wenigen Mitarbeitenden kann die Anonymität der Teilnehmenden tatsächlich nicht sicher gewährleistet werden. In diesen Fällen raten wir zu Interviews oder Fokusgruppen, die von einer externen Begleitung durchgeführt werden, als Befragungstool.

Der Mehrwert von Mitarbeitendenbefragungen liegt auch darin, dass mehrere Themenbereiche gleichzeitig abgedeckt werden können. Dies ist besonders wertvoll, wenn eine solche Befragung noch nie oder lange nicht mehr durchgeführt wurde. Es sind aber auch kurze Befragungen denkbar, die sich auf ein einzelnes Thema konzentrieren (und damit weniger aufwendig sind). Beispiele für Themen finden sich in Tab. 3.1.

SWOT-Analyse

Das Instrument der SWOT-Analyse kann im Rahmen der Organisationsentwicklung eingesetzt werden, um die internen Stärken (Strengths) und Schwächen (Weaknesses) sowie externen Chancen (Opportunities) und Risiken (Threats) des gesamten Kulturbetriebs, aber auch einzelner Organisationseinheiten zu erfassen und zu strukturieren. Um eine SWOT-Analyse durchzuführen, bieten sich Interviews und moderierte Workshops an. Dabei werden die Einschätzungen der Teilnehmenden gesammelt, nach Doppelungen gesucht und zu einer Gesamtsicht verdichtet. Hierfür wird in der Regel eine SWOT-Matrix verwendet, die die Ergebnisse übersichtlich darstellt.

Der Nutzen dieses Tools für die Organisationsentwicklung besteht darin, dass die SWOT-Analyse eine ganzheitliche Sicht auf die aktuelle Lage bietet. Sie kann

Tab. 3.1 Befragungsthemen nach Hausmann und Zischler (2022)

Themenkategorien	Beispiele
Arbeitsbedingungen (Arbeitsplatz/-situation)	Raumausstattung, Software-/Hardwareausstattung, Bezahlung, Mobiles Arbeiten, Arbeitszeitgestaltung etc.
Arbeitsanforderungen/Gesundheit	Arbeitsbelastung (Zeitdruck, Stress im Besucherkontakt etc.), zu hohe/geringe Arbeitsanforderungen, Work-Life-Balance, Vereinbarkeit von Beruf und Familie
Strukturen/Prozesse	Kommunikation/Information, Entscheidungswege, Arbeitsabläufe, Aufgabenpriorisierung, Zuständigkeiten, Hierarchien, Aufbauorganisation (in der eigenen Abteilung, zwischen Abteilungen, in der Organisation)
Arbeitsklima/Zusammenarbeit	Teamgeist, Wertschätzung, Kooperationsbereitschaft, Fehler- und Konfliktkultur
Führung/Vorgesetzte (Führungsverhalten)	Führungskompetenz der Vorgesetzten (z. B.: Anerkennung von Leistungen, Offenheit für neue Ideen, Unterstützung/Rückhalt, Verlässlichkeit)
Entwicklung/Weiterbildung	Qualifizierungs- und Aufstiegsmöglichkeiten/-hindernisse, Talentmanagement
Arbeitszufriedenheit/Motivation	Zufriedenheit mit dem eigenen Arbeitsbereich, dem Team, den Vorgesetzten oder dem Kulturbetrieb als Arbeitgeber im Allgemeinen, Engagement, Identifikation, Weiterempfehlung, Loyalität

Kulturbetrieben dabei helfen, sich auf die wesentlichen Punkte zu fokussieren sowie blinde Flecken und verborgene Potenziale zu erkennen. Aus den Ergebnissen können Handlungsempfehlungen, Strategien und Maßnahmen abgeleitet werden, die auf einer fundierten Bewertung der aktuellen Situation basieren und der langfristigen Weiterentwicklung des Kulturbetriebs dienen.

Damit eine SWOT-Analyse erfolgreich ist, empfehlen wir, vor der Durchführung ein klar definiertes Ziel festzulegen, auf das sich die Analyse bezieht. Außerdem sollten möglichst unterschiedliche Teilnehmende einbezogen werden, um Stärken, Schwächen, Chancen und Risiken aus verschiedenen Blickwinkeln zu erfassen.

3.2 Maßnahmen in der Umsetzungsphase

Im Folgenden stellen wir eine Auswahl an Methoden vor, die sich für Kulturbetriebe eignen, um Veränderungen aktiv und partizipativ anzustoßen und umzusetzen.

Workshops und Großgruppenverfahren
Workshops sind die in Organisationsentwicklungsprozessen am meisten eingesetzte Methode. Es handelt sich um Veranstaltungen, bei denen sich eine – für das Workshopthema *relevante* – Gruppe von Mitarbeitenden trifft, um sich in einem begrenzten Zeitraum gemeinsam mit einer konkreten, vorab festgelegten Thematik zu beschäftigen und auf ein bestimmtes Ziel bzw. Ergebnis hinzuarbeiten. Kennzeichnend ist eine kooperative, interaktive Arbeitsweise, die für gewöhnlich durch eine (externe) Moderation gefördert und gesteuert wird. Als geeignete Workshopgröße empfehlen wir Gruppen von 6 bis 20 Personen.

Workshops können im Rahmen einer Organisationsentwicklung verschiedene Funktionen erfüllen, z. B. die der Diagnose und Ursachenanalyse, Problemfindung und -lösung, aber auch die des Besser-Kennenlernens. Gerade in Workshops mit Teilnehmenden aus unterschiedlichen Arbeitsbereichen wird immer wieder deutlich, wie positiv die Möglichkeit aufgenommen wird, andere Abteilungen und Teammitglieder außerhalb der typischen Arbeitssituation näher kennenzulernen. Weiterhin haben Workshops oft den erfreulichen Nebeneffekt, dass die Teilnehmenden zusätzliche Kompetenzen erwerben (z. B. in Bezug auf Zusammenarbeit und Kommunikation, gemeinsame Problemlösung, kreatives, eigenständiges Denken), was wiederum auch den Kulturbetrieb insgesamt positiv beeinflussen kann.

Durch die Teilnahmemöglichkeit an Workshops werden Mitarbeitende in die Entwicklung von Zielen, Maßnahmen und Entscheidungen eingebunden, was ihre Identifikation mit den erarbeiten Ergebnissen regelmäßig erhöht. Personen, die sich in größeren Runden, wie z. B. Mitarbeitendenversammlungen, eher nicht beteiligen würden, trauen sich in kleineren Gruppenkonstellationen eher Wortmeldungen zu. Hierdurch kann die Perspektivenvielfalt gefördert werden. Auch kommen kleine Gruppen meist schneller „ins Arbeiten" und somit auch schneller zu Ideen und Ergebnissen.

> **Empfehlung: Aktionspläne**
> Am Ende unserer Workshops nutzen wir gerne Aktionspläne, um die entwickelten Ideen mit den Teilnehmenden in konkrete Maßnahmen zu überführen. Aktionspläne umfassen in der Regel den Zeitrahmen, Zuständigkeiten und die notwendigen Ressourcen für die Umsetzung. Durch ihr klares Schema ermöglichen sie eine übersichtliche Strukturierung und erleichtern die Überwachung des Fortschritts sowie die Kontrolle des Erfolgs. Unsere Aktionsplanvorlage enthält die folgenden Rubriken:
>
> a) Was soll getan werden?
> b) Mit welchem Ziel wird die Maßnahme durchgeführt?
> c) Wer ist dafür zuständig?
> d) Wie bzw. in welchem Format soll es getan werden? (z. B. Workshop, Vortrag, Vereinbarung)
> e) Wer muss noch beteiligt werden? (z. B. andere Beschäftigte, andere Abteilungen)
> f) Was wird benötigt? (z. B. Räume, Budget, Weisungsbefugnis)
> g) Bis wann soll es erledigt sein?
>
> Beim Einsatz des Tools wird der Punkt „Zuständigkeit" häufig im ersten Anlauf übergangen. Es ist jedoch für den Erfolg des Aktionsplans sehr wichtig, dass klar benannt wird, wer die Verantwortung für die Koordination der vereinbarten Aktionen trägt.

Geht es darum, eine größere Anzahl an Mitarbeitenden einzubeziehen, stoßen klassische Workshopformate bald an ihre Grenzen (z. B. wird die gemeinsame Diskussion im Plenum unübersichtlich, einzelne Personen können sich nicht mehr ausreichend einbringen) (vgl. Dittrich-Brauner et al. 2013). Eine Lösung für dieses Problem bieten Großgruppenverfahren, die speziell auf eine hohe Anzahl an Personen ausgerichtet sind. Diese Methoden ermöglichen es, auch in großen Gruppen eine strukturierte und effektive Kommunikation zu gewährleisten, indem sie interaktive Formate und Techniken einsetzen, die den Austausch fördern (z. B. indem die Veranstaltung über mehrere Tage hinweg stattfindet und dabei in kleineren, rotierenden Teams gearbeitet wird).

Wie im Abschnitt zur Mitarbeitendenbefragung näher beschrieben (vgl. Abschn. 3.1), ist es auch bei Großgruppenverfahren wichtig, zu gewährleisten, dass alle Personengruppen im Kulturbetrieb prinzipiell teilnehmen können (z. B.

3.2 Maßnahmen in der Umsetzungsphase

das Servicepersonal mit festen Schichten oder Mitarbeitende in Teilzeit). Aufgrund der Komplexität von Großgruppenverfahren, empfehlen wir für die Durchführung eine erfahrende Moderation, die den Prozess anleitet.

> **Empfehlung: Appreciative Inquiry**
> Wir gehen nachfolgend exemplarisch auf das Großgruppenverfahren Appreciative Inquiry ein. Für weitere bewährte Formate, wie z. B. World Café, Zukunftskonferenz, Real Time Strategic Change oder Open Space Technology, verweisen wir auf die weiterführende Literatur (z. B. Dittrich-Brauner et al. 2013, Schiersmann und Thiel 2018).
>
> Appreciative Inquiry (auch wertschätzende Erkundung oder Befragung genannt) ist ein Großgruppenverfahren, dessen Ziel es ist, Veränderungen anzustoßen, indem Stärken, gute Erfahrungen und Potenziale (z. B. eines Teams, einer Organisation) in den Blick genommen werden. Negative Themen, Probleme und Herausforderungen werden nicht direkt behandelt, sondern als Veränderungswünsche ausgedrückt. Dadurch, dass die Methode Bekanntes bewahrt und das Selbstbewusstsein stärkt, erscheint der Veränderungsprozess leichter bewältigbar.
>
> Die Teilnehmendenzahl einer Appreciative Inquiry ist unbegrenzt. Das Verfahren selbst dauert in der Regel zwischen 1 und 3 Tagen und durchläuft vier Phasen, die beispielsweise folgendermaßen gestaltet werden können (vgl. Dittrich-Brauner et al. 2013):
>
> 1. *Discovery:* Die Teilnehmenden bilden Paare und interviewen sich mithilfe eines Interviewleitfadens gegenseitig zu positiven Erfahrungen, Leistungen und Potenzialen. Nach den Zweiergesprächen bilden mehrere Interviewpaare jeweils eine Gruppe (z. B. zu 8 Personen), sprechen über die eindrücklichsten Geschichten und versuchen Erfolgsfaktoren zu identifizieren. Im Anschluss erfolgt eine kurze Reflexion im Plenum.
> 2. *Dream:* Die Teilnehmenden entwickeln eine gemeinsame Zukunftsvision, die auf den positiven Aspekten basiert. Hierzu arbeiten die Kleingruppen kreativ, entwickeln Collagen, Traumreisen, fiktive Briefe etc. und präsentieren anschließend ihre Werke im Plenum.
> 3. *Design:* Die Inhalte der Präsentationen werden in Stichworten festgehalten und ggf. priorisiert. Zu den wichtigsten Aspekten erarbeiten die Kleingruppen konkrete Zukunftsaussagen bzw. Zielformulierungen.
> 4. *Destiny:* In der letzten Phase werden konkrete Maßnahmen erarbeitet, Verantwortliche und zu Beteiligende festgelegt. Hierbei helfen z. B.

> Aktionspläne. Den Abschluss bilden Kurzpräsentationen, eine Stellungnahme der Kulturbetriebsleitung und eine Feedbackrunde der Teilnehmenden.
>
> Wir halten Appreciative Inquiry für besonders geeignet, wenn es darum geht, die Zukunft eines Kulturbetriebs aktiv zu gestalten (z. B. Verbesserung der Organisationskultur, Leitbildprozesse, Teamentwicklung). Ist die Grundstimmung in einem Kulturbetrieb negativ bzw. konfliktträchtig raten wir von dieser Methode ab, da sich die Teilnehmenden wahrscheinlich nur schwer auf einen solchen positiven Prozess einlassen werden.

Agile Methoden

Agile Methoden haben bereits seit einigen Jahren Einzug in den Kulturbereich gefunden. Kern agilen Arbeitens ist es, dass Teams befähigt werden, eigenverantwortlich zu arbeiten und Entscheidungen zu treffen. Vorteile agiler Methoden sind eine hohe Reaktionsfähigkeit (z. B. auf Veränderungen von außen) sowie eine kunden- bzw. publikumszentrierte Entwicklung von Produkten und Leistungen.

Agile Methoden eignen sich in der Organisationsentwicklung besonders für die Entwicklung innovativer Ideen und (Teil-)Projekte. Entweder kann die Zusammenarbeit komplett agil aufgesetzt werden (z. B. durch die Zuweisung verschiedener Rollen wie in der *SCRUM*-Methode). Alternativ können auch einzelne Elemente eines Projekts mithilfe agiler Methoden gestaltet werden (z. B. Durchführung regelmäßiger *Reviews* bzw. Rückschauen zur Rückkopplung auf die Ziele eines Vorhabens oder durch die Nutzung von *Kanban Boards* zur Visualisierung von Aufgaben und Prioritäten). Auch in Beteiligungsformaten können agile Methoden an verschiedenen Stellen eingesetzt werden: So kann ein Workshop z. B. durch *Time Boxing* (d. h. die Strukturierung eines Workshops oder Meetings in zeitlich fest abgesteckte Phasen) oder *Personas* (wie im *Design Thinking* zu finden) zum Einsatz kommen.

Wenn agile Methoden neu eingeführt werden, empfehlen wir eine damit verbundene Schulung der Beteiligten. Ein gemeinsames Verständnis von Methoden, Einsatzmöglichkeiten und Zielen agilen Arbeitens ist essenziell. Auch wird die Einführung agiler Methoden im Kulturbetrieb Zeit brauchen – v. a. dort, wo lange auf klassisches Projektmanagement gesetzt wurde. Es kann sinnvoll sein, mit einer Gruppe von Mitarbeitenden zu starten, die grundsätzlich offen für das Ausprobieren neuer Methoden sind. Ist der Testlauf gelungen, können die Be-

3.2 Maßnahmen in der Umsetzungsphase

teiligten als Multiplikator*innen für die neue Arbeitsweise in der Institution fungieren. Gleichzeitig gilt auch, dass der Einsatz agiler Methoden kein Allheilmittel ist und sich nicht für alle Teams und Projektvorhaben gleichermaßen eignet. Bei der Auswahl von Projekten, die das Potenzial haben, als agile Projekte erfolgreich zu sein, sollten bei Bedarf ggf. auch externe Expert*innen konsultiert werden.

> **Empfehlung: Iteratives Arbeiten**
> Wollen Kulturinstitutionen agile Methoden einführen, stellt sich zumeist die Frage: Wo anfangen? Wie oben schon angesprochen, empfehlen wir zunächst die Fokussierung auf einen Teilaspekt agilen Arbeitens, um diesen mit einem kleinen Team zu testen. Hierzu eignet sich beispielsweise das Arbeiten in sogenannten *Iterationen,* auch iteratives Arbeiten genannt. Eine Iteration beschreibt den Prozess eines mehrfachen Wiederholens, also das Arbeiten in Zyklen. Diese Arbeitszyklen sind zeitlich in sich geschlossene Arbeitsabschnitte.
>
> Die Zielsetzung iterativ aufgesetzter Projekte unterscheidet sich insofern von klassischen Projekten, als dass zu Beginn kein festes Endprodukt definiert ist, sondern der Ausgangspunkt eine Problemstellung ist. Kern des iterativen Arbeitens ist die schnelle Entwicklung von Prototypen, die laufend getestet und weiterentwickelt werden. Um ein Beispiel zu nennen: ein Kulturbetrieb möchte ein neues Angebot für eine bestimmte Zielgruppe entwickeln, aber es ist noch nicht klar, welches Format das richtige ist. Durch iteratives Arbeiten entwickeln die Beteiligten schnell ein neues Format, das einen angenommenen Nutzen für die anvisierte Zielgruppe hat. Dieses Format wird bereits nach kurzer Zeit getestet, um ein erstes Feedback von Besuchenden einzuholen und auf Basis dessen Verbesserungen vornehmen zu können.

Retrospektiven
Retrospektiven sind spezielle Teammeetings, in denen gemeinsam auf eine vergangene Arbeitsphase, die eingesetzten Methoden und die Zusammenarbeit zurückgeblickt wird (vgl. Derby und Larsen 2018). Dabei hat das Team die Möglichkeit zu überprüfen, ob z. B. das ursprünglich vereinbare Ziel noch passt oder ob Unterstützung von anderen Akteuren im Kulturbetrieb bei der Bewältigung von Hindernissen benötigt wird.

Retrospektiven können auch im laufenden Organisationsentwicklungsprozess eingesetzt werden, um zu reflektieren, ob die geplanten Maßnahmen erfolgreich umgesetzt wurden oder Anpassungen notwendig sind. Werden Retrospektiven regelmäßig durchgeführt, kann dies dabei helfen, Teams in ihrer Veränderungsbereitschaft und Selbstreflexion sowie auch ihrer Lösungsorientierung zu schulen.

Retrospektiven funktionieren unserer Erfahrung dann, wenn die Führungskraft hierfür ein vertrauensvolles Umfeld schafft, in dem alle Teammitglieder offen über Erfolge, aber auch Herausforderungen und Bedenken sprechen können (Stichwort Fehlerkultur). Weiterhin sollten Retrospektiven regelmäßig eingesetzt werden. Damit diese Methode für die Teammitglieder nicht langweilig wird, können unterschiedliche Formate genutzt werden (z. B. Vorbereitung und Moderation durch wechselnde Teammitglieder, Einsatz verschiedener Visualisierungstools wie Whiteboards, Metaplankarten, digitale Anwendungen etc.).

> **Empfehlung: Start, Stop, Continue-Retrospektive**
> Eine Art der Retrospektive, die aus dem agilen Arbeiten kommt, ist die Start, Stop, Continue-Methode. Hierbei stellen sich Teams die folgenden drei Fragen:
>
> - *Start:* Womit wollen wir starten?
> - *Stop:* Womit wollen wir nicht weitermachen?
> - *Continue:* Was wollen wir beibehalten?
>
> Die Fragen werden von einer moderierenden Person (dies kann die Führungskraft oder auch ein Teammitglied sein) nacheinander gestellt. Alle Fragen beziehen sich auf die vergangene Arbeitsphase. Zu jeder Frage haben die Teammitglieder Zeit, sich ihre Antworten auf einer Karte zu notieren. Nach Ablauf der Zeit werden die Antworten sichtbar gemacht (z. B. indem sie an eine Pinnwand gehangen werden) und diskutiert. Sollten unterschiedliche Sichtweisen deutlich werden (taucht z. B. ein Punkt sowohl bei „Stop" als auch „Continue" auf) ist es die Aufgabe der moderierenden Person, das Team bei der Diskussion zu unterstützen.

Teamentwicklung

Als Teamentwicklung werden Aktivitäten bezeichnet, die zur Stärkung der Arbeitsbeziehungen und zum Erhalt bzw. zur Weiterentwicklung der Leistungsfähigkeit von Arbeitsteams beitragen (vgl. Alter 2019). Grundsätzliches Ziel ist es, das volle Potenzial eines Teams zu entfalten und es zu befähigen, seine Aufgaben bestmöglich zu lösen sowie die Arbeitszufriedenheit der einzelnen Mit-

3.2 Maßnahmen in der Umsetzungsphase

glieder zu erhöhen. In Kulturbetrieben findet ein Großteil der Arbeitsprozesse in Gruppen statt, weshalb Teams entscheidend für eine effiziente und erfolgreiche Arbeit sind. Teamentwicklung ist ein wertvolles Tool, um Teams für die Organisationsentwicklung vorzubereiten, sie zu stärken und aktiv einzubinden.

Teamentwicklung kann aus verschiedenen Gründen notwendig werden. Im Rahmen einer Organisationsentwicklung kann es beispielsweise dazu kommen, dass

- Teams aufgrund von Umstrukturierungen neu zusammengestellt werden,
- sich Aufgaben und Ziele eines Teams verändern und daher Zuständigkeiten und Rollen neu definiert werden müssen,
- bestehende Konflikte (erneut) aufbrechen oder neue entstehen, die offengelegt und reguliert werden müssen.

Teamentwicklung kann dabei nicht nur innerhalb von (Abteilungs-)Teams, sondern auch übergreifend stattfinden (z. B. zwischen verschiedenen Abteilungen oder Führungskräften). Der Fokus liegt dann auf Themen wie z. B. übergreifende Kommunikation, gemeinsame Werte, gemeinsame Ziele. Gerade auch Führungskräfte sollten möglichst nicht nur eine Gruppe bilden, sondern sich als (Entscheidungs-)Team verstehen, das sich für die Sicherung der Zukunftsfähigkeit eines Kulturbetriebs gemeinsam verantwortlich fühlt.

> **Empfehlung: Klausurtagung**
> Bei einer Klausurtagung zieht sich ein Team (z. B. Abteilung, Leitungsgremium) für einen oder mehrere Tage an einen inspirierenden Ort zurück, idealerweise außerhalb der eigenen Kultureinrichtung (z. B. Tagungshaus mit geeigneten Räumlichkeiten und naturnaher Umgebung). In dieser Zeit bearbeiten die Teilnehmenden mit einer klaren Zielsetzung ein oder mehrere Themen und entwickeln Lösungen, die von allen mitgetragen werden (z. B. Jahresplanung, Strategie- bzw. Maßnahmenentwicklung, Rollen-, Kompetenz- und Aufgabenklärung). Der Ortswechsel bietet den Teilnehmenden die Möglichkeit, ohne Störungen und Ablenkungen des Tagesgeschäfts, fokussiert nachzudenken und einen eigenen „Spirit" zu entwickeln.
>
> Klausurtagungen haben in der Regel mehrere positive Nebeneffekte. Durch das informelle Miteinander lernen sich die Teammitglieder beruflich und persönlich besser kennen. Der intensive Austausch fördert zudem das

> Gemeinschaftsgefühl und stärkt den Eindruck, zusammen mehr schaffen zu können. Diese positiven Effekte lassen sich auch bewusst fördern, etwa durch ein ansprechendes (Abend-)Programm, das Raum für Gespräche und Begegnungen öffnet (z. B. eine gemeinsame Wanderung oder ein Spieleabend).

Coaching
Der Begriff Coaching umfasst die professionelle Beratung, Begleitung und Unterstützung von Personen in Führungs- und Steuerungspositionen (vgl. DBVC 2024). Der Fokus liegt darauf, dass die Führungskraft im Austausch mit dem*der coachenden Person lernt, Probleme eigenständig zu lösen, eigene Verhaltensweisen und Einstellungen zu reflektieren und selbstständig weiterzuentwickeln (vgl. DBVC 2024). Das Coaching sollte dabei durch Expert*innen durchgeführt werden, die für diese Arbeit hinreichend ausgebildet und qualifiziert sind.

Der Nutzen für die Organisationsentwicklung liegt darin, dass, wie bereits mehrfach herausgestellt, Führungskräfte ein wesentlicher Erfolgsfaktor für gelingende Veränderungsprozesse sind. Manche Themen in solchen Prozessen können so herausfordernd sein, dass es sinnvoll ist, Führungskräfte durch ein begleitendes Coaching zu unterstützen (z. B. Umstrukturierung von Abteilungen). In einem vertraulichen Rahmen können lösungs- und zielorientiert Fragen und Probleme im Zusammenhang mit der Organisationsentwicklung besprochen werden (z. B. Angst vor Machtverlust, eigene Kommunikation, Rolle und Führungsverhalten, Umgang mit Konflikten und Krisen).

Coaching kann im Kontext von Organisationsentwicklungsprozessen in unterschiedlichen Formaten stattfinden. Denkbar sind z. B.

- Einzelcoaching,
- extern moderierte Gruppencoachings mit allen Führungskräften des Kulturbetriebs oder
- angeleitetes kollegiales Coaching zwischen den Führungskräften.

Die Teilnahme an einem Coaching findet grundsätzlich auf freiwilliger Basis statt. Ist die Führungskraft nicht von der Nützlichkeit oder Notwendigkeit dieser Maßnahme überzeugt, wird sie sich unserer Erfahrung nach kaum auf diese einlassen, wird also auch nicht aus intrinsischer Motivation heraus Maßnahmen umsetzen. Bei der Auswahl eines Coachs im Kontext eines Organisationsentwicklungsprozesses raten wir darauf zu achten, dass die Person sowohl über fundiertes Wissen im Bereich Transformation verfügt als auch spezifische Kenntnisse über Kulturbetriebe mitbringt.

3.3 Maßnahmen in der Evaluationsphase

Organisationsentwicklungsprozesse sollten, wie andere Prozesse auch, nach Abschluss evaluiert werden. Nur so lässt sich überprüfen, ob die im Veränderungsprozess entwickelten Maßnahmen erfolgreich umgesetzt und die geplanten Ziele erreicht wurden. Eine zentrale Voraussetzung dafür ist, dass zu Beginn des Veränderungsprozesses klare, messbare Ziele formuliert und passende Erfolgsindikatoren festgelegt wurden. Allerdings gestaltet sich dies in der Praxis nicht immer einfach, da es sich bei Organisationsentwicklungen in der Regel um komplexe Vorhaben handelt, die von vielen unterschiedlichen Faktoren beeinflusst werden und deren Wechselwirkungen nur begrenzt analysierbar sowie steuerbar sind (vgl. Kauffeld et al. 2019). Um hierfür ein Beispiel zu nennen: Soll in einem Organisationsentwicklungsprozess die Zusammenarbeit zwischen zwei Abteilungen verbessert werden, hängt der Erfolg nicht nur von konkreten Maßnahmen ab, wie beispielsweise der Einführung regelmäßiger Besprechungsformate. Wesentlich sind auch weiche Faktoren wie die Akzeptanz der neuen Regelungen und die Bereitschaft zur kollegialen Zusammenarbeit.

Nichtsdestotrotz gibt es einige Evaluationstools, die Kulturbetriebe im Rahmen eines Veränderungsprozesses anwenden können. Grundsätzlich können diese in qualitative und quantitative Methoden unterschieden werden, wobei wir eine Kombination verschiedener (qualitativer und quantitativer) Tools empfehlen:

Qualitative Methoden
Zu den qualitativen Methoden zählen Formate, die z. B. Meinungen, Einstellungen oder Verhaltensänderungen von einzelnen Akteuren bzw. ausgewählten Personengruppen erfassen. Hierzu zählen z. B.

- *Beobachtungen:* Verantwortliche oder Führungskräfte sondieren zunächst im laufenden Arbeitsgeschäft, ob und wie sich Verhaltensmuster, Abläufe und Interaktionen durch Maßnahmen der Organisationsentwicklung verändert haben.
- *Einzelgespräche:* Gespräche mit Mitarbeitenden, Führungskräften oder anderen Stakeholdern ermöglichen es, individuelle Erfahrungen, Meinungen und Gefühle zu den gelingenden und weniger gelingenden Momenten des Veränderungsprozesses zu erfassen (vgl. auch Abschn. 3.1).

- *Fokusgruppen:* In moderierten Gruppengesprächen können sich mehrere Verantwortliche und Beteiligten gemeinsam über die Zielerreichung bzw. Stärken und Schwächen des Veränderungsprozesses austauschen (vgl. auch Abschn. 3.1).

Quantitative Methoden
Auch quantitative Methoden können im Rahmen einer Evaluation eingesetzt werden. Hierzu eignen sich z. B.

- *Befragungen:* Wie bereits in Abschn. 3.1 erläutert, ermöglichen Befragungen die Erhebung von Meinungen und Einstellungen einer größeren Anzahl an Beschäftigten. Da solche größer angelegten Mitarbeitendenbefragungen häufig bereits zu Beginn einer Organisationsentwicklung eingesetzt werden (und zudem ressourcenaufwendig sind), lassen sich zur Evaluation kleinere Befragungsformate nutzen. Hierzu zählen z. B. analoge Postkartenbefragungen mit wenigen Ankreuzoptionen oder digitale Stimmungsbarometer.
- *Kennzahlen:* Auch Daten wie Abwesenheitsquote, Umsatz, Kosteneinsparungen oder Auslastung können genutzt werden, um den Erfolg von Maßnahmen der Organisationsentwicklung – vor allem im Vorher-nachher-Vergleich – bewertbar zu machen. Allerdings kann hier nicht immer ein eindeutiger Kausalzusammenhang hergestellt werden.

Uns ist es wichtig hervorzuheben, dass bereits vor der Evaluation feststehen sollte, wie das eingeholte Feedback von Mitarbeitenden, Führungskräften und anderen Stakeholdern im Weiteren de facto genutzt wird. Meinungen, Kritik und Verbesserungsvorschläge sollten nur dann eingeholt werden, wenn sie transparent aufbereitet und ernst genommen werden (signalisiert z. B. durch damit in Zusammenhang stehende Maßnahmen).

> **Empfehlung: Abschlussforum**
> Ein hilfreiches Format, das sich sowohl zur Evaluation als auch für den offiziellen Abschluss einer Organisationsentwicklung nutzen lässt, ist das Abschlussforum. Es handelt sich hierbei um eine Veranstaltung, bei der die Ergebnisse des Veränderungsprozesses vorgestellt werden (z. B. Posterpräsentation). So werden die Arbeit und die Ergebnisse des Prozesses sichtbar gemacht und das Engagement der Mitarbeitenden und Führungskräfte gewürdigt. Gleichzeitig wird der Prozess offiziell und symbolisch beendet.

3.3 Maßnahmen in der Evaluationsphase

Projektverantwortliche und Mitarbeitende werden im Rahmen des Abschlussforums dazu eingeladen, sich über den Prozess und ggf. auch noch offene Handlungsfelder austauschen. Ziel ist es, Feedback einzuholen, aber ggf. auch auf weiterführende Ideen zu stoßen. Unserer Erfahrung nach interessieren sich die Mitarbeitenden zu diesem Zeitpunkt zudem auch dafür, wie der Prozess weitergehen kann bzw. wie die Ergebnisse verstetigt werden sollen. Hierzu sollten die Verantwortlichen einen Ausblick geben können.

Wie bereits beim Kick-off-Meeting ausgeführt (vgl. Abschn. 3.1), sollte auch beim Abschlussforum auf ein angenehmes Ambiente und eine gewissen Niedrigschwelligkeit geachtet werden. Hier hilft der Einbau interaktiver Elemente. Wir nutzen u. a. Sticker, mit denen die Teilnehmenden bewerten können, welche Ergebnisse des Prozesses sie besonders gut finden und welche noch ausbaufähig sind.

Abschließende Überlegungen 4

Zum Abschluss unserer Ausführungen wollen wir noch Hinweise geben, wie mit Widerständen und Scheitern bewusst umgegangen werden kann. Darüber hinaus beschäftigen wir uns mit der Frage, wie sich die Organisationsentwicklung im Kulturbetrieb verstetigen lässt.

4.1 Mit Widerständen umgehen

In Veränderungsprozessen treten regelmäßig Widerstände auf – kleine oder große, offene oder verdeckte, bei einzelnen Führungskräften, Mitarbeitenden oder ganzen Teams. Widerstand ist damit normal und kann sich auf ganz unterschiedliche Weise zeigen, z. B. durch aktives Handeln (Reden, offene Briefe etc.), aber häufig auch durch passives Verhalten (z. B. Nicht-Teilnahme an Workshops). Tab. 4.1 zeigt verschiedene Widerstandsformen im Überblick.

Die Ursachen für Widerstand sind vielfältig und komplex (vgl. Bergmann und Garrecht 2021). In der Praxis zeigen sich häufig die folgenden Gründe:

- unvollständige oder nicht ausreichende Informationen,
- fehlendes Verständnis für die Notwendigkeit von Veränderungen,
- Sorge, die neuen Anforderungen nicht bewältigen zu können,
- Angst davor, Macht, Einfluss, Privilegien und Statussymbole zu verlieren,
- keine Bereitschaft zur Übernahme von Zusatzaufgaben,
- Unzufriedenheit mit dem Prozess (z. B. Einbindung, Entscheidungsfindung, Umsetzungsprozedere),

Tab. 4.1 Widerstandsformen nach Doppler und Lauterburg (2019)

	Verbal	Nonverbal
Aktiv	**Widerspruch** • Gegenargumentation • Vorwürfe • Drohungen • Polemik • sturer Formalismus	**Aufregung** • Unruhe • Streit • Intrigen • Gerüchte • Cliquenbildung
Passiv	**Ausweichen** • Schweigen • Bagatellisieren • Blödeln • ins Lächerliche ziehen • Unwichtiges debattieren	**Lustlosigkeit** • Unaufmerksamkeit • Müdigkeit • Fernbleiben • Innere Emigration • Krankheit

- Festhalten an eingefahrenen Gewohnheiten und etablierten Abläufen,
- allgemeine Veränderungsaversion und Wunsch nach Stabilität,
- Gruppendenken und -dynamiken.

Wir sehen in der Praxis zudem, dass die Gründe für Widerstand oft mit (hohen) Emotionen verbunden sind (vgl. auch Wengelski-Strock 2020). Es ist daher wichtig, die emotionale Seite bei der Planung und Durchführung von Organisationsentwicklungsprozessen zu berücksichtigen und bewusst zu adressieren, z. B. indem

- zunächst die Handlungsfähigkeit und dadurch das Selbstbewusstsein der Beteiligten gestärkt wird (z. B. über Personalentwicklungsmaßnahmen),
- die Sinnhaftigkeit sowie der mögliche gemeinsame und persönliche Nutzen kontinuierlich herausgestellt wird,
- Foren geschaffen werden, in denen negative Aspekte ausgesprochen und diskutiert werden dürfen,
- Bedürfnisse wie der Wunsch nach Stabilität und Sicherheit gehört und ernst genommen werden,
- den Beteiligten genügend Zeit gegeben wird, um sich auf Veränderungen einzustellen,
- keine „Schönmalerei" stattfindet. Veränderungen sind immer auch anstrengend und destabilisierend.

4.1 Mit Widerständen umgehen

Wenn Widerstände deutlich werden, ist es häufig sinnvoll, diese zeitnah zu adressieren. Das kann einerseits durch eine externe Moderation oder Mediation geschehen (z. B. im Kontext eines Workshops) oder aber durch die internen Projektverantwortlichen bzw. die Kulturbetriebsleitung (z. B. in Einzelgesprächen). Personen, die etwas – vermeintlich oder tatsächlich – „verlieren" (z. B. Macht, Einfluss, Ressourcen) sollten zudem unterstützt und in der Veränderung begleitet werden. Idealerweise können Ausgleiche und Alternativen aufgezeigt werden. Weiterhin kann es (präventiv wie reaktiv) ratsam sein, Betroffene aktiv in Entscheidungen und Maßnahmenplanungen einzubeziehen. Unseres Erachtens ist es zielführend, gerade auch im Umgang mit schwierigen Beschwerdeführenden eine offene und transparente Kommunikation sowie einen wertschätzenden Umgang anzustreben. Das ist manchmal herausfordernd, lohnt sich aber auf die lange Sicht. Gleichzeitig ist in diesem Zusammenhang zu ergänzen: Beschäftigte mit dauerhafter Blockadehaltung dürfen nicht dadurch belohnt werden, dass notwendige Veränderungen langfristig aufgeschoben oder sogar abgebrochen werden.

Grundsätzlich kann Widerstand aus zwei Perspektiven betrachtet werden: Er kann wertvolle Hinweise auf Fehlentwicklungen liefern, z. B. anzeigen, dass das Veränderungstempo zu hoch ist oder wesentliche Stakeholder bei für sie wichtigen Themen nicht mitgenommen wurden (vgl. Wiesbauer 2015). Allerdings kann Widerstand in seinen schwierigen Ausprägungen (Nicht-Teilnahme, Unruhe stiften etc.) sowohl für die Prozessverantwortlichen als auch für engagierte Führungskräfte und Mitarbeitende auf die Dauer demotivierend wirken. Um Energie, Antrieb und eine positive Einstellung zu bewahren, möchten wir daher dazu ermuntern, den Fokus immer wieder bewusst auf jene zu legen, die Lust haben, mitzumachen und zu gestalten, und sich an den „Problemfällen" möglichst nicht aufzureiben.

> **Erfolgsfaktor: Quick Wins und Meilensteine feiern**
> Jeder Veränderungsprozess gerät gelegentlich ins Stocken und im Laufe der Zeit treten typischerweise Ermüdungserscheinungen auf. Bei der Begleitung von Organisationsentwicklungsprozessen wird immer wieder deutlich, wie wichtig es in solchen Phasen ist, mit positiven Maßnahmen bewusst entgegenzusteuern. Wir empfehlen daher, regelmäßig auch kleinere Erfolge anzupeilen und nach Erreichen in die Organisation zu kommunizieren. Solche Quick Wins erzeugen Sichtbarkeit und signalisieren ein Vorankommen im Vorhaben (vgl. Wiesbauer 2015). Gelingen dann auch

> die größeren Veränderungsprojekte, so raten wir, diese Meilensteine im Prozess gebührend zu feiern. Das hält die Motivation der Beschäftigten zur Mitarbeit am Prozess hoch, sorgt für neuen Schwung im Arbeitsalltag und macht Ergebnisse und Erfolge greifbarer. Dies kann zum Beispiel durch ein Fest, die feierliche Anerkennung der Leistungen eines Teams bei einer Mitarbeitendenversammlung oder die Visualisierung auf einer Fortschrittstafel geschehen.

4.2 „Schöner Scheitern"

Manchmal begründen sich Widerstände auch in Ängsten oder Sorgen vor dem Fehler-Machen und dem Nicht-Gelingen. Im Rahmen von Veränderungsprozessen ist häufig Kreativität und ein Denken außerhalb gewohnter Muster gefragt – und somit auch das Ausprobieren von bislang nicht bekannten, nicht genutzten oder nicht definierten Verfahrensweisen. Neue Lösungen müssen erst einmal im Arbeitsalltag auf ihre Eignung getestet werden, dabei werden zwangsläufig auch Fehler gemacht, das ist den an einer Organisationsentwicklung Beteiligten meist klar. Und doch fällt das Fehler machen (und vor allem das Sprechen darüber) vielerorts noch schwer. Dies liegt meist an der vorherrschenden „Fehlerkultur", also der Art und Weise, wie im Kulturbetrieb generell mit dem Nicht-Gelingen umgegangen wird.

Wir haben die Erfahrung gemacht, dass Organisationsentwicklungsprozesse dort besser klappen, wo sich eine Kultur des Ausprobierens und ein gelassener Umgang mit Fehlern etablieren konnten. Denn nur dort, wo Fehler machen erlaubt und normal ist und eine regelmäßige Reflexion dazu stattfindet, was daraus gelernt werden kann, entwickelt sich eine lernende Organisation. Das Credo für gelingende Organisationsentwicklung lautet daher unserer Meinung nach: Scheitern ausdrücklich erlaubt!

Zu einer Organisationskultur des Ausprobierens gehört es Misserfolge zu thematisieren, um aus ihnen zu lernen und sie dann aber auch abzuhaken. Die „Suche nach Schuldigen" spielt hier keine Rolle. Kommunikation ist hingegen zentral. Wir empfehlen, nicht nur Erfolge und „makellose Endergebnisse" zu kommunizieren, sondern auch die Schwierigkeiten und Herausforderungen im laufenden Prozess. Insbesondere auch aus „gescheiterten" Aktivitäten lassen sich wertvolle Learnings für die weitere Arbeit ziehen (auch und gerade für andere Tätigkeitsbereiche). Dies gelingt aber nur, wenn solche Erfahrungen im Haus gesammelt, geteilt und kollegial reflektiert werden. Wie schon im Zusammenhang mit der Veränderungskurve ausgeführt, sollte klar kommuniziert werden, dass „Tränentäler" zu einer Organisationsentwicklung dazugehören und damit als inhärenter Bestandteil von Veränderung akzeptiert und ausgehalten werden müssen.

Dazu braucht es Führungskräfte, die keine Perfektion anstreben, sondern den Mut haben, Räume des Ausprobierens zu schaffen, in denen Teams eigenverantwortlich und selbstorganisiert arbeiten können und die Erlaubnis haben, Lösungen zu testen. Um Teams dazu zu befähigen, kann es nötig sein, sie zuerst mit zusätzlichen Kompetenzen (beispielsweise in agilem Arbeiten) und ggf. erweiterten Entscheidungsbefugnissen auszustatten. Führungskräfte befinden sich dabei zweifellos in der anspruchsvollen Situation, einen Teil ihrer Verantwortung (und Macht bzw. Kontrolle) abgeben zu müssen und gleichzeitig Verantwortungsträger qua Position zu bleiben.

Last but not least finden wir: Bei Veränderungsprozessen ist bereits der Weg das Ziel! Entscheidend ist, dass der Kulturbetrieb den Mut aufbringt, sich auf die Reise zu begeben. Auch wenn zunächst keine großen Veränderungen eintreten oder sogar Konflikte entstehen, sind es oft die kleinen Schritte und jene, die das Mindset der Beteiligten aktivieren, die langfristig den Unterschied machen. Dies veranschaulicht die Aussage einer Mitarbeiterin, die in einem Reflexionsformat zum Abschluss eines von uns begleiteten Veränderungsprojekts folgendes Fazit gezogen hat: „Was der Organisationsentwicklungsprozess gebracht hat, ist, dass viele erkannt haben, dass Strukturen, Hierarchien und Werte nicht in Stein gemeißelt sind, sondern geprüft und verändert werden können."

4.3 Verstetigung sichern

In vielen Kulturbetrieben stellt sich früher oder später die Frage, wie die Organisationsentwicklung verstetigt werden kann. Denn häufig passiert es, dass die in einem Veränderungsprozess hart erarbeiteten Ergebnisse im Tagesgeschäft schnell wieder vergessen werden und die Beteiligten sukzessive in alte Verhaltensmuster und gewohnte Routinen zurückkehren. Dies kann zu Frustration, Konflikten und einer ablehnenden Haltung gegenüber weiteren Change-Projekten führen.

Diesem Umstand lässt sich unserer Einschätzung nach am ehesten begegnen, wenn die Nachhaltigkeit eines Organisationsentwicklungsprozesses von Anfang an mitgedacht wird. Ziel sollte es sein, dass erreichte Veränderungen nicht nur an der Oberfläche bleiben oder einzelnen Projekten zugeschrieben werden, sondern sich als Teil der Organisationskultur etablieren. Um Ergebnisse zu verstetigen und eine Offenheit für die Notwendigkeit von Change zu etablieren ist es u. a. sinnvoll

- immer wieder zu kommunizieren, dass Organisationsentwicklung ein langfristiges Thema ist, das auch nach Abschluss einzelner Prozessschritte weitergeht und den Kulturbetrieb sowie seine Mitarbeitenden immer wieder beschäftigen wird;
- Erfolge, die in einzelnen Bereichen einer Organisation erzielt wurden, in die Breite zu kommunizieren, sodass die Motivation hochgehalten wird und sie als „Good Practices" für andere Bereiche dienen können;
- die Mitarbeitenden und Führungskräfte kontinuierlich weiterzubilden, um sicherzustellen, dass sie über die notwendigen Fähigkeiten und Kenntnisse zur Bewältigung von Veränderungen verfügen;
- das Thema Organisationsentwicklung strukturell in der Institution zu verankern. Dies kann entweder durch die Einrichtung einer neuen oder die Umwidmung einer bestehenden Stelle (bzw. von Teilen der Arbeitszeit dieser Stelle) gelingen;
- Multiplikator*innen im Kulturbetrieb zu installieren, die sich kontinuierlich um Anliegen der Organisationsentwicklung kümmern; diese sollten mit den nötigen Kompetenzen (z. B. Basiswissen in Change Management, Methodenkompetenz für das Durchführen von Workshops) ausgestattet werden, sodass sie Veränderungsprozesse aktiv begleiten können;
- ein Qualitätsmanagement zu etablieren, sodass Maßnahmen regelmäßig auf ihre Wirksamkeit und Zielorientierung hin überprüft werden können;
- im Recruiting von neuen Mitarbeitenden und Führungskräften auf jene zu setzen, die sich offen zeigen für Wandel und ggf. auch Erfahrungen aus Veränderungsprozessen mitbringen.

Zusammenfassend ist deutlich geworden, dass Veränderungen konstante Begleiter im Arbeitsalltag von Kulturbetrieben sind. Organisationsentwicklungsprozesse können Kulturbetrieben dabei helfen, sich selbst, d. h. ihre Werte, Verhaltensweisen, Prozesse, Strukturen etc., zu reflektieren, neue Praktiken auszuprobieren und insgesamt eine Kultur des gemeinsamen Lernens (sowohl aus erfolgreichen Projekten als auch aus Fehlern) zu fördern.

Was Sie aus diesem *essential* mitnehmen können

- Dieses *essential* informiert über zentrale Modelle, Strategien, Ansätze und Prozessphasen, damit Organisationsentwicklung systematisch und gezielt in Kulturbetrieben umgesetzt werden kann.
- Zu den Rahmenbedingungen eines Veränderungsprozesses gehören eine vorläufige Projektplanung in Form einer Prozessarchitektur, die Festlegung der Prozesssteuerung sowie die Sicherstellung zeitlicher, finanzieller und personeller Ressourcen.
- Wichtige Akteure der Organisationsentwicklung sind die Kulturbetriebsleitung, die Führungskräfte, die Mitarbeitenden und ggf. eine externe Prozessbegleitung. Dieses *essential* erläutert die jeweils wichtigsten Aufgaben und Rollen in Veränderungsprojekten.
- Es gibt zahlreiche Tools, die im Rahmen eines Organisationsentwicklungsprozesses einzeln oder in Kombination eingesetzt werden können. Wichtig ist, dass die Maßnahmen auf die Ziele und Bedürfnisse des jeweiligen Kulturbetriebs abgestimmt sind. In diesem *essential* werden ausgewählte praxiserprobte Tools vorgestellt, die sich für den Start, die Umsetzung und die Evaluation von Organisationsentwicklungsprozessen in Kulturbetrieben eignen.
- Widerstände und Scheitern sind Teil jeder Organisationsentwicklung. Nach der Lektüre dieses *essentials* ist deutlich geworden, wie Konflikte und Nicht-Gelingen akzeptiert und reflektiert werden können, um sie für die Weiterentwicklung des Kulturbetriebs zu nutzen.

Literatur

Alter, U. (2019). *Teamidentität, Teamentwicklung und Führung. Wir-Gefühl am Arbeitsplatz ermöglichen – das Potenzial des Teams nutzen* (2. Aufl.). Wiesbaden: Springer.
Bergmann, R., & Garrecht, M. (2021). *Organisation und Projektmanagement* (3. Aufl.). Berlin: Springer Gabler.
Braun, O. (2023). Veränderung geht nur gemeinsam. Einblicke in den Organisationsentwicklungsprozess am Landesmuseum Württemberg. *Kulturpolitische Mitteilungen*, I/2023, (S. 78–79).
Derby, E., & Larsen, D. (2018). *Agile Retrospektiven. Übungen und Praktiken, die die Motivation und Produktivität von Teams deutlich steigern*. München: Vahlen.
Deutscher Bundesverband Coaching e. V. (DBVC) (2024). Definition Coaching. https://www.dbvc.de/der-dbvc/definition-coaching. Zugegriffen: 21. Mai 2024.
Dittrich-Brauner, K., Dittmann, E., List, V., & Windisch, K. (2013). *Interaktive Großgruppen. Change-Prozesse in Organisationen gestalten* (2. Aufl.), Berlin/Heidelberg: SpringerMedizin.
Doppler, K., & Lauterburg, C. (2019). *Change Management. Den Unternehmenswandel gestalten* (14. Aufl.). Frankfurt/New York: Campus Verlag.
Gairing, F. (2017). *Organisationsentwicklung: Geschichte – Konzepte – Praxis*. Stuttgart: Kohlhammer.
Hausmann, A. (2021). *Wirkungsvolle Organisations- und Leitbildentwicklung in Kulturbetrieben*. Wiesbaden: Springer VS.
Hausmann, A. (2024). *Kunst- und Kulturmanagement. Kompaktwissen für Studium und Praxis* (3. Aufl.). Wiesbaden: Springer.
Hausmann, A., & Zischler, L. (2022). *Mitarbeiterbefragungen in Kulturbetrieben – Planung, Durchführung und Folgeprozesse*. Wiesbaden: Springer VS.
Hausmann, A., & Zischler, L. (2023). *Leadership in Arts Organisations. The Power of Successful Work Relationships*. Cham: Palgrave Macmillan.
Kauffeld, S., Endrejat, P. C., & Richter, H. (2019). Organisationsentwicklung. In S. Kauffeld (Hrsg.), *Arbeits-, Organisations- und Personalpsychologie für Bachelor* (3. Aufl.) (S. 73–104). Berlin: Springer.

Koß, D. (2021): Change Prozesse für mehr Zukunftsfähigkeit. Ein Resümee des „sozioK_change"-Programms der Stiftung Niedersachsen. *Kulturpolitische Mitteilungen, III/2021*, (S. 87–90).

Kotter, J. P. (1996). *Leading Change*. Boston: Harvard Business School Press.

Krüger, W., & Bach, Norbert (2014). *Excellence in Change: Wege zur strategischen Erneuerung* (5. Aufl.). Wiesbaden: Springer Gabler.

Kübler-Ross, E. (1969). *On Death And Dying*. London: Tavistock Publications Limited.

Lewin, K. (1947). Frontiers in Group Dynamics. Concept, Method and Reality in Social Science; Social Equilibria and Social Change. *Human Relations 1 (1)*, (S. 5–41).

Nerdinger, F. W. (2019). Organisationsentwicklung. In F. W Nerdinger, G. Blickle, & N. Schaper (Hrsg.), *Arbeits- und Organisationspsychologie* (4. Aufl.) (S. 179–191). Berlin/Heidelberg: Springer.

Schiersmann, C., & Thiel, H.-U. (2018). *Organisationsentwicklung. Prinzipien und Strategien von Veränderungsprozessen* (5. Aufl.). Wiesbaden: Springer VS.

Schifferer, S., & von Reitzenstein, B. (2018). *Tools und Instrumente der Organisationsentwicklung. Erfolgreiche Umsetzung von Organisationsprojekten*. Berlin: Springer Gabler.

Streich, R. K. (2016). *Fit for Leadership* (2. Aufl.). Wiesbaden: Springer Gabler.

Wegerich, C. (2015). *Strategische Personalentwicklung in der Praxis. Instrumente, Erfolgsmodelle, Checklisten, Praxisbeispiele* (3. Aufl.). Berlin/Heidelberg: Springer.

Wengelski-Strock, S. (2020). *Organisationsentwicklung aus der Praxis für die Praxis. Methoden und Beispiele praktischer Organisationsentwicklung*. Wiesbaden: Springer.

Werther, S., & Jacobs, C. (2014). *Organisationsentwicklung – Freude am Change*. Berlin/Heidelberg: Springer.

Wiesbauer, A. (2015): Organisationsentwicklung an einem Wiener Museum. Was können wir? Wohin wollen wir? In F. Look, U. Poser, G. Röckrath, O. Scheytt (Hrsg.), *Handbuch Kulturmanagement. Recht, Politik und Praxis, J. 1.19*, (S. 97–114). Stuttgart: Raabe.

The manufacturer's authorised representative in the EU is Springer Nature Customer Service Centre GmbH, Europaplatz 3, 69115 Heidelberg, Germany. If you have any concerns regarding our products, please contact ProductSafety@springernature.com

Printed and bound by CPI Group (UK) Ltd, Croydon, CR0 4YY
23/03/2026
02076397-0008